Le bonheur de vivre
simplement

Infographie : Luisa da Silva et Chantal Landry

DISTRIBUTEURS EXCLUSIFS :

Pour le Canada et les États-Unis :
MESSAGERIES ADP*
2315, rue de la Province
Longueuil, Québec J4G 1G4
Téléphone : 450 640-1237
Télécopieur : 450 674-6237
Internet : www.messageries-adp.com
* filiale du Groupe Sogides inc.,
    filiale du Groupe Livre Quebecor Media inc.

Pour la France et les autres pays :
INTERFORUM editis
Immeuble Paryseine, 3, Allée de la Seine
94854 Ivry CEDEX
Téléphone : 33 (0) 1 49 59 11 56/91
Télécopieur : 33 (0) 1 49 59 11 33
Service commandes France Métropolitaine
Téléphone : 33 (0) 2 38 32 71 00
Télécopieur : 33 (0) 2 38 32 71 28
Internet : www.interforum.fr
Service commandes Export – DOM-TOM
Télécopieur : 33 (0) 2 38 32 78 86
Internet : www.interforum.fr
Courriel : cdes-export@interforum.fr

Pour la Suisse :
INTERFORUM editis SUISSE
Case postale 69 – CH 1701 Fribourg – Suisse
Téléphone : 41 (0) 26 460 80 60
Télécopieur : 41 (0) 26 460 80 68
Internet : www.interforumsuisse.ch
Courriel : office@interforumsuisse.ch
Distributeur : OLF S.A.
ZI. 3, Corminboeuf
Case postale 1061 – CH 1701 Fribourg – Suisse
Commandes :
Téléphone : 41 (0) 26 467 53 33
Télécopieur : 41 (0) 26 467 54 66
Internet : www.olf.ch
Courriel : information@olf.ch

Pour la Belgique et le Luxembourg :
INTERFORUM BENELUX S.A.
Fond Jean-Pâques, 6
B-1348 Louvain-La-Neuve
Téléphone : 32 (0) 10 42 03 20
Télécopieur : 32 (0) 10 41 20 24
Internet : www.interforum.be
Courriel : info@interforum.be

Catalogage avant publication de Bibliothèque et Archives nationales du Québec et Bibliothèque et Archives Canada

Miller, Timothy, Ph. D.

    Le bonheur de vivre simplement

    Traduction de: Wanting what you have.

1. Actualisation de soi. 2. Vie spirituelle.
3. Autodéveloppement. 4. Connaissance de soi. I. Titre.

BF637.S4M54414 2011   158.1   C2010-942637-1.

01-11

Traduction française :
(1re édition : © 1998, Le Jour)
© 2011, Les Éditions de l'Homme,
division du Groupe Sogides inc.,
filiale du Groupe Livre Quebecor Media inc.
(Montréal, Québec)

L'ouvrage original a été publié
par New Harbinger Publications Inc.,
succursale de Carol Communications Inc.
sous le titre *Wanting What Your Have*

Dépôt légal : 2011
Bibliothèque et Archives nationales du Québec

ISBN 978-2-7619-3088-8

Gouvernement du Québec – Programme de crédit d'impôt pour l'édition de livres – Gestion SODEC – www.sodec.gouv.qc.ca

L'Éditeur bénéficie du soutien de la Société de développement des entreprises culturelles du Québec pour son programme d'édition.

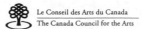

Le Conseil des Arts du Canada
The Canada Council for the Arts

Nous remercions le Conseil des Arts du Canada de l'aide accordée à notre programme de publication.

Nous remercions le gouvernement du Canada de son soutien financier pour nos activités de traduction dans le cadre du Programme national de traduction pour l'édition du livre.

Nous reconnaissons l'aide financière du gouvernement du Canada par l'entremise du Fonds du livre du Canada pour nos activités d'édition.

Timothy Miller

Le bonheur de vivre
simplement

Traduit de l'américain
par Marie-Josée Chrétien

LES ÉDITIONS DE
L'HOMME
Une compagnie de Quebecor Media

Quelques détails importants

Les lecteurs

Un grand nombre des exercices du présent ouvrage ont été faits par des lecteurs volontaires. Certaines de ces personnes figurent sur ma liste automatique de courrier électronique. Afin de respecter l'anonymat des volontaires, j'ai utilisé des pseudonymes ou des combinaisons de réactions de deux volontaires ou plus.

Le genre

Voulant éviter tant la lourdeur syntaxique qu'un langage sexiste, j'ai fait alterner les genres dans les passages où des pronoms personnels, comme il ou elle, doivent être utilisés. J'ai tenté de le faire sans égard aux rôles traditionnels des sexes. On pourra donc trouver des entraîneurs féminins et des infirmiers, ainsi que de bonnes et de mauvaises personnes des deux sexes.

Le cahier d'exercice

Dans ce livre, je vous suggérerai plusieurs exercices, qui vous amèneront à réfléchir et à écrire sur différentes situations. Je vous propose de vous munir d'un cahier (ce peut être aussi un bloc-notes ou des feuilles volantes réunies dans un cartable), que vous utiliserez uniquement pour ce travail.

Introduction

Depuis les temps historiques les plus reculés, les sages de tous les coins du monde ont affirmé que le secret du bonheur réside non pas dans la possession de tout ce que l'on désire, mais dans l'appréciation de ce que l'on a. On trouve des variations de cet adage dans la philosophie grecque, dans les religions des autochtones d'Amérique du Nord et des aborigènes d'Australie, dans le bouddhisme, le christianisme, l'islam et le judaïsme, dans les œuvres romanesques, la poésie et le commentaire. L'un des plus ardents défenseurs de cette idée est Henry David Thoreau, qui a écrit : « L'homme le plus riche est celui dont les plaisirs sont les moins coûteux. » On en trouve aussi une version dans le Talmud, où il est écrit : « Quel est l'homme le plus riche ? Celui qui est le plus satisfait de sa portion. »

Comme toute autre notion d'application universelle, l'idée de savoir apprécier ce que l'on a est souvent mal comprise et mal utilisée. Beaucoup de gens arrivent à la conclusion erronée qu'elle équivaut à renoncer à toute ambition ou responsabilité personnelle en faveur d'un état de béatitude passive. Or, rien n'est plus éloigné de la vérité.

Les gens heureux et satisfaits travaillent pour l'amour de leur métier, qu'ils soient célèbres ou anonymes ; ils courent pour le plaisir de la course. Les gens heureux et satisfaits sont des conjoints, des parents et des citoyens responsables ; ils respectent les lois pour le plaisir de faire le bien. Les gens les plus susceptibles de détruire la planète et ses habitants sont ceux qui cherchent la richesse et le pouvoir à tout prix, sans égard aux conséquences.

Certaines personnes me disent qu'elles apprécient déjà ce qu'elles ont. Peut-être sont-elles exceptionnellement satisfaites et pleines de compassion. En effet, on peut naître avec une disposition agréable et calme. D'autres ont appris à apprécier ce qu'elles ont dans la fréquentation d'une église, la psychothérapie ou la pratique spirituelle. Néanmoins, beaucoup de gens qui pensent savoir déjà apprécier ce qu'ils possèdent ont mal compris ce que cela veut dire.

Savoir apprécier ce que l'on a est un processus continu et non une finalité. Affirmer qu'on apprécie déjà ce que l'on a équivaut à dire : « Je suis déjà sage » ou « J'ai déjà l'oreille musicale ». Les gens intelligents ne sont jamais à court de nouvelles choses intéressantes à mieux comprendre. Il y a des musiciens qui passent leur vie entière à perfectionner leur interprétation et leurs connaissances musicales. Comme il est impossible d'être d'une intelligence ou d'une musicalité parfaites, il est impossible de posséder parfaitement l'art d'apprécier ce que l'on a. Au fil des ans, la cupidité, le ressentiment, le désespoir et l'inquiétude viendront vous tenter de milliers de façons. Ainsi l'a voulu la nature humaine, et cela dans toutes les cultures et à toutes les époques.

J'ai lu récemment un article de magazine qui présentait une anthologie de toutes les grandes découvertes technologiques du xxᵉ siècle, des premiers aéroplanes à Internet en passant par le télescope Hubble. Les sciences m'intéressent et, comme tout le monde, j'aime les gadgets. L'article était excitant d'une certaine manière mais, à la réflexion, je me suis rendu compte qu'aucune de ces innovations ne servait à rendre les gens plus heureux et plus aimants ni à améliorer leur sens moral. En fait, elles les rendent plus malheureux, parce que le nombre de choses que l'on peut désirer sans pouvoir se les procurer augmente de jour en jour.

Les sociétés de technologie avancée ne sont pas plus heureuses que les sociétés moins avancées. Les innovations technologiques éblouissantes ont toujours des revers imprévus. Si le téléphone n'avait pas été inventé, les gens vivraient plus près de leur famille, comme ils l'avaient toujours fait depuis la nuit des temps. Si les gens vivaient toujours à proximité de leur famille, il y aurait moins de solitude et de divorces. Si l'automobile n'avait pas été inventée, les gens connaîtraient mieux leurs voisins et la criminalité serait moins élevée. Dès que leurs besoins essentiels sont satisfaits, les gens ne trouvent pas nécessairement le bonheur dans la prospérité. Les gadgets originaux, amusants et commodes ne les rendent pas plus heureux.

Un visiophone ou un lien Internet plus rapide peuvent être «vachement cool», mais ils ne changeront pas la nature humaine. Or, l'humanité a un besoin urgent d'une technologie qui aidera les gens à apprécier leurs brèves et incertaines années, tout en se comportant de manière généreuse et digne. J'ai relu cet article de magazine en y cherchant une seule innovation de cette nature. Aucune n'y était mentionnée. Qui plus est, ce besoin était complètement ignoré.

Dans le présent guide et dans mon premier ouvrage, *How to Want What You Have: Discovering the Magic and Grandeur of Ordinary Existence,* j'ai présenté du mieux que j'ai pu une technologie de joie et de gentillesse. Ma technologie de joie et de gentillesse n'est pas la seule et personne ne peut dire si elle est la meilleure. Ce qui compte, c'est qu'elle vous apporte quelque chose à vous et aux membres de votre famille.

Vous vous demandez peut-être pourquoi je me suis donné le mal d'élaborer ce nouvel amalgame théorique et pratique, alors que tant d'autres, plus compétents que moi, ont déjà donné tant d'enseignements. Votre question est légitime.

J'ai un tempérament inhabituel; en fait, je le trouve moi-même parfois étrange. Certains amis et membres de ma famille me trouvent très bizarre, même s'ils ont la politesse de s'abstenir de le dire. Mon tempérament est un mélange de curiosité, d'idéalisme et d'hédonisme, alliant scepticisme, inflexibilité et valeurs morales. J'admire la rigueur scientifique et la foi n'est pas mon fort; je ne suis même pas sûr de *vouloir* croire. Par conséquent, les ouvrages de croissance personnelle et spirituelle que j'ai lus ne me satisfont pas. Certains semblent fondés sur des croyances naïves et suspectes, d'autres promettent la lune, d'autres encore font fi de problèmes criants en matière de justice sociale et de protection de l'environnement. Après des années de frustrations et de déceptions, j'ai décidé d'élaborer une méthode qui me semble sensée. Mon premier ouvrage et le présent guide pratique sont le résultat de cette décision.

Mes traits de caractère se reflètent dans ce que j'écris. Cela vaut pour tous les auteurs. Dans une certaine mesure, j'ai écrit pour un lectorat de gens qui me ressemblent, non par égoïsme, mais parce que ce sont les seuls que je comprends vraiment. Les lecteurs d'un tempérament semblable au mien se retrouveront dans ces pages. J'invite les autres à y puiser les éléments qui leur conviennent et à les incorporer à leurs propres croyances en fonction de leur tempérament.

À mon avis, la croissance personnelle et spirituelle n'a pas besoin d'être mystérieuse. Si l'amélioration de soi était toujours très difficile, la croissance personnelle et spirituelle serait un phénomène extrêmement rare et il y aurait peu d'espoir pour le genre humain! Malgré cela, un grand nombre de méthodes de croissance personnelle sont tellement obscures et difficiles à suivre qu'elles semblent pratiquement impossibles à réussir, surtout pour les gens qui doivent travailler 40 heures par semaine pour faire vivre leur famille.

J'ai tenté d'élaborer une méthode de croissance personnelle et spirituelle aussi facile à apprendre que le tennis ou le basket-ball et presque aussi facile à comprendre. J'ai appelé cette méthode « savoir apprécier ce que l'on a ».

Les exigences pour s'améliorer au basket-ball sont assez évidentes. Il faut avoir une idée claire de son but et une méthode simple pour y arriver. Il faut aussi être animé d'un ardent désir de réussir. De fréquents rappels des avantages du succès viendront renforcer le désir de réussir. Une méthode simple consiste à pratiquer les éléments de base de ce sport, le dribble, les lancers-francs, le tir à bras roulé, etc. Le désir de réussir est inhérent à la personnalité et à l'expérience de vie. Quand on apprécie ce que l'on a, on s'appuie sur trois principes fondamentaux : la compassion, l'attention et la gratitude.

Un entraîneur améliore les chances de réussite, c'est pourquoi il y a des entraîneurs pour chaque sport important. Un bon entraîneur apprend à ses joueurs à utiliser plus efficacement le temps qu'ils consacrent à l'entraînement et à reconnaître leurs faiblesses au jeu. Il les motive pour qu'ils donnent le meilleur d'eux-mêmes, tout en leur rappelant les avantages de bien jouer et le goût amer de la défaite. Il leur révèle aussi des trucs qu'ils n'auraient pas découverts aussi rapidement par eux-mêmes.

Le présent guide vous aidera à mieux apprécier ce que vous avez. En tant qu'auteur de cet ouvrage, je suis une sorte d'entraîneur. Mon devoir consiste à vous apprendre à maîtriser les éléments de base, c'est-à-dire la compassion, l'attention et la gratitude. Je vous indiquerai certaines erreurs possibles et la façon de les éviter. Je vous révélerai des occasions cachées et vous apprendrai à en profiter. Enfin, j'essaierai à l'occasion de vous inspirer et de vous rappeler les avantages du succès et les désavantages de l'échec.

Chapitre 1

Les habitudes de pensée

Savoir apprécier ce que l'on a est un slogan tout simple qui cache un but profond et difficile à atteindre. Les méthodes que je suggère pour savoir apprécier ce que l'on a relèvent de trois principes fondamentaux : la compassion, l'attention et la gratitude. J'ai délibérément calqué la pratique de ces trois principes sur les méthodes modernes de psychothérapie cognitive. J'ai adopté ce modèle parce que la psychothérapie cognitive est plus facile à comprendre et plus largement reconnue que toute autre méthode de psychothérapie. Par conséquent, il me faudra décrire la psychothérapie cognitive avant d'aborder la compassion, l'attention et la gratitude.

Pendant des milliers d'années, les philosophes et les maîtres religieux ont aidé et inspiré les gens qui voulaient s'améliorer, tout en les prévenant contre eux-mêmes. Ces maîtres ont-ils fait beaucoup de bien ? Les pessimistes diraient que l'horreur de l'histoire humaine témoigne de leur échec. Les optimistes affirmeraient que même s'ils n'ont pas résolu *tous* les problèmes de l'humanité, ils ont fait du monde un endroit plus agréable où vivre. Peut-être ont-ils pavé la voie à la civilisation ? Personnellement, je cultive délibérément l'optimisme et j'encourage mes amis et mes clients à faire de même. J'opterai donc pour la vision optimiste.

Quoi qu'il en soit, les philosophes et les maîtres religieux d'antan auraient eu plus de succès s'ils avaient connu les méthodes cognitives appliquées à la psychothérapie et à la croissance personnelle. Jusqu'à tout récemment, le changement d'ordre psychothérapeutique et la croissance spirituelle étaient des domaines flous et mystérieux. La croissance personnelle n'était souvent qu'une mode dont la valeur était sérieusement mise en doute. La psychothérapie et la croissance personnelle sont tellement proches de la croissance spirituelle qu'il est difficile de les en distinguer. En lisant ci-dessous le compte rendu de la psychothérapie de Monica, une femme déprimée, pensez à la façon dont les neuf points décrits peuvent s'appliquer à la croissance personnelle.

Vingt-cinq années de recherches scientifiques rigoureuses ont démontré que ces neuf énoncés s'appliquent à la plupart des gens.

1. **Un grand nombre de pensées et de croyances négatives ne sont que de mauvaises habitudes.** Beaucoup de gens, y compris Monica, pensent sincèrement être stupides. Monica a honte de sa stupidité. Elle s'estime malheureuse et pense qu'elle le sera toujours parce qu'elle est stupide. Les événements qui lui rappellent sa supposée stupidité la blessent et déchaînent parfois sa colère. Monica est d'une intelligence moyenne ou même supérieure à la moyenne. Elle possède une gamme assez étendue de talents et de compétences, mais croit néanmoins être stupide. Ses pensées répétitives sur sa stupidité ne sont qu'une mauvaise habitude.

2. **Certaines pensées et croyances peuvent causer de graves problèmes émotionnels, tels que la dépression et l'anxiété.** Lorsqu'elle rumine sur sa stupidité, Monica désespère de pouvoir mener un jour une existence heureuse et productive. Si elle se laisse gagner par le découragement, elle peut devenir très déprimée. En fait, ses sentiments de stupidité peuvent devenir tellement intenses qu'elle risque de commencer à éviter les situations où elle pourrait paraître stupide aux yeux des autres. Dans un tel cas, des troubles anxieux peuvent faire leur apparition.

3. **On peut jeter un regard critique sur ses habitudes de pensée.** Monica pourrait examiner ses habitudes de pensée d'un œil critique : *« Suis-je douée pour des choses qui requièrent de l'intelligence ? Si je prends la mauvaise décision, est-ce parce que je suis stupide ou parce que je suis trop émotive ? Suis-je une bonne lectrice ? Ai-je un bon vocabulaire ? »* Après ce genre d'examen critique, Monica pourrait arriver à la conclusion qu'elle n'est pas si stupide que cela, après tout, et qu'elle s'en fait pour rien depuis des années.

4. **On peut remettre en question ses habitudes de pensée.** Monica peut apprendre à prendre conscience des nombreuses fois où elle répète son habituelle rengaine sur sa stupidité. Chaque fois que cela lui arrive, elle doit se dire quelque chose comme : *« J'avais de bonnes notes à l'école. Je lis bien. Je peux suivre sans problème les événements de l'actualité. Ma grammaire et mon orthographe sont excellentes. Comment pourrais-je être stupide ? »* Plus tard, elle peut raccourcir son discours intérieur et se dire : *« Je ne suis certainement pas stupide. J'admets ne pas être parfaite, mais je ne suis pas stupide ! »*

5. **On peut remplacer d'anciennes habitudes de pensée destructrices par de nouvelles habitudes plus constructives.** Monica pourrait prendre l'habitude de penser : *« Je comprends à peu près tout ce que je veux comprendre. »* Plus elle se le répéterait, plus elle en deviendrait convaincue. Avec le temps, elle en deviendrait de plus en plus persuadée et son sentiment d'être stupide s'estomperait.

6. **Les nouvelles habitudes de pensée ouvrent la voie à de nouvelles habitudes de comportement et d'expression, et à de nouveaux choix.** Une fois que Monica aura perdu la mauvaise habitude de penser qu'elle est stupide, elle pourra accepter l'invitation d'une amie et se joindre à un club de lecture. Peut-être pourra-elle parler en public avec confiance pour la première fois ! Peut-être les autres membres du club la féliciteront-ils de ses commentaires pénétrants ! Et un nouveau monde s'ouvrira à Monica.

7. **Une fois les nouvelles habitudes de pensée positives bien ancrées, des changements dans les habitudes de comportement et d'expression viennent en témoigner.** Monica a maintenant un puissant désir d'être bien dans sa peau. Elle se rend compte qu'il lui arrive encore de penser qu'elle est stupide, surtout quand elle se sent stressée. Elle a décidé de suivre un cours à l'université et de faire des efforts pour obtenir une bonne note. Elle se rend compte que ce comportement est incompatible avec son ancienne conviction qu'elle était stupide, ce qui l'aide à mieux combattre cette habitude de pensée.

8. **Il peut être utile de comprendre les origines d'un comportement nocif, mais ce n'est pas essentiel au succès.** Pendant une psychothérapie, Monica se rappellera peut-être qu'un beau-père méchant et alcoolique la trouvait stupide quand elle était enfant. Si elle arrive à comprendre que ces insultes étaient complètement arbitraires, elle saura mieux remettre en question ses propres sentiments sur sa stupidité. Cependant, Monica n'a pas besoin de *déterrer* les origines de cette croyance pour être capable de s'en débarrasser.

9. **La façon la plus fiable et la plus efficace de soulager des problèmes comme la dépression, la colère et l'anxiété consiste à modifier ses habitudes de pensée nocives.** Monica ne pense plus qu'elle est stupide. Elle sait qu'elle n'est pas un génie, mais elle se sent intellectuellement aussi capable que la moyenne des gens. Monica est très heureuse de ce dénouement, car son sentiment de stupidité était sa plus grande source de détresse dans la vie. Elle se sent maintenant beaucoup mieux et ne souffre plus comme auparavant de tristesse, de fatigue, d'anxiété et de troubles du sommeil.

Des méthodes comme celles-ci, que certains psychothérapeutes et autres thérapeutes utilisent dans le cadre de programmes de croissance personnelle, ont aidé des millions de gens à surmonter l'anxiété, la dépression et d'autres problèmes. Monica peut faire seule son voyage vers le bonheur et la productivité ou elle peut être guidée par un psychothérapeute. Dans un cas comme dans l'autre, les principes et les méthodes sont les mêmes.

Il serait présomptueux de ma part d'affirmer que la psychothérapie cognitive est la meilleure de toutes les approches possibles en psychothérapie. Certains psychothérapeutes intelligents et bien intentionnés la rejettent complètement. D'autres l'utilisent uniquement comme complément à diverses approches, dont les méthodes psychanalytiques. La psychothérapie cognitive n'en demeure pas moins la mieux étayée sur le plan scientifique. En effet, la recherche scientifique a confirmé la valeur des méthodes cognitives, tandis que les sciences et l'histoire ne sont pas tendres pour d'autres méthodes de psychothérapie.

Chapitre 2

Savoir apprécier ce que l'on a : une perspective cognitive

La psychothérapie se penche sur les pensées qui font habituellement naître des sentiments de dépression, d'anxiété ou de colère.

Dans le présent guide, je m'attache aux pensées qui étayent la notion de savoir apprécier ce que l'on a. J'illustre aussi des pensées et des croyances habituelles qui empêchent ou découragent les gens d'apprécier ce qu'ils ont.

Les buts vers lesquels nous tendons quand nous apprenons à apprécier ce que nous avons sont beaucoup plus vastes que les buts de la psychothérapie, qui consistent surtout à traiter des symptômes et à soulager des souffrances. Les voici : apprécier davantage la vie et les gens qui nous entourent ; savoir faire preuve de plus de sérénité devant les déceptions, les deuils et l'adversité ; manifester plus de gentillesse envers les gens qui nous entourent, sans jamais les blâmer ni les juger ; vivre de manière plus responsable sur les plans moral et environnemental ; et mieux comprendre le sens profond de la vie.

D'une certaine façon, ces buts sont liés à la dépression et à l'anxiété, car le succès peut soulager et même guérir certains troubles émotionnels ou prévenir leur réapparition. Néanmoins, la pratique de la compassion, de l'attention et de la gratitude n'a pas pour principal but de traiter des troubles émotionnels.

Qu'entend-on exactement par « savoir apprécier ce que l'on a » ?

« Savoir apprécier ce que l'on a » est un slogan que j'ai choisi pour une raison bien précise. De nombreuses idées et devises mises de l'avant par le mouvement nouvel âge partent du principe qu'il suffit d'obtenir ce que l'on veut pour être heureux et devenir de meilleures personnes, et elles mettent l'accent sur des façons peu orthodoxes d'obtenir ce que l'on veut. Certaines idées du mouvement nouvel âge suggèrent que la croissance spirituelle est récompensée par l'amour, la prospérité ou la reconnaissance, ou les trois. Pour ma part, j'aimerais employer un autre registre.

Bien que j'aie des réserves sur la philosophie de la pensée magique, je présume que mes lecteurs recherchent le succès et font des efforts pour l'obtenir. Je tiens pour acquis que ce sont des parents responsables et aimants, et d'honnêtes citoyens. Si vous avez de graves problèmes de sous-performance ou si vous êtes paresseux, ma méthode n'est peut-être pas pour vous.

D'autre part, je ne promets pas à mes lecteurs que leurs revenus vont augmenter, que leur vie sexuelle sera revigorée ou que leur charisme décuplera parce qu'ils savent apprécier ce qu'ils ont. Je ne suis pas convaincu non plus que mes lecteurs seraient plus heureux si l'une ou l'autre de ces choses leur arrivait. Il y a de bonnes raisons de penser que plus d'argent ou une vie sexuelle plus palpitante n'améliorerait pas la qualité de vie de mes lecteurs. Je sais que c'est là une affirmation surprenante et je m'en expliquerai au chapitre 4.

J'aurais pu choisir un autre slogan, par exemple :

- Vivez le moment présent ;
- Soyez attentif aux autres ;
- Aujourd'hui est le premier jour du reste de votre vie ;
- Le royaume de Dieu est en vous ;
- Imitez le Christ ;
- Le moment présent est précieux ;

- Confiez vos problèmes à une puissance supérieure ;
- Passez une bonne journée.

J'ai choisi l'expression « savoir apprécier ce que l'on a » pour plusieurs raisons, notamment les suivantes :

- Cette expression n'a pas de connotation religieuse tout en n'étant pas antireligieuse. De cette façon, elle peut rallier les athées, les croyants traditionnels et les personnes qui n'ont pas de croyances religieuses, mais qui ont des préoccupations spirituelles ;
- Elle met l'accent sur le plaisir et la bonne humeur, plutôt que sur l'abnégation ;
- Elle encourage la modération dans les habitudes et les désirs, tout en reconnaissant implicitement les dommages que font la cupidité et la suffisance ;
- Elle nous rappelle que les moyens sont plus importants que la fin ;
- Elle met l'accent sur le présent et non sur le passé et l'avenir ;
- Elle n'exige aucun changement important dans le style de vie ;
- Elle fait le lien entre la profondeur de la vie et l'existence ordinaire. La magie et la grandeur de la vie ne résident pas dans l'avenir ou dans une autre réalité, elles existent ici et maintenant.

Comme je l'ai mentionné dans le chapitre précédent, ma façon de vous apprendre à apprécier ce que vous avez consiste à mettre l'accent sur la pratique systématique de la compassion, de l'attention et de la gratitude, trois principes distincts mais associés. En fait, quand je parle de « savoir apprécier ce que l'on a », je sous-entends toujours la pratique de la compassion, de l'attention et de la gratitude.

La compassion, l'attention et la gratitude sont d'excellents principes qui nous aident à apprécier ce que nous avons parce qu'ils sont simples à expliquer et faciles à mettre en pratique sur-le-champ, n'importe quand et n'importe où. Ils sont d'autant plus faciles à comprendre lorsque nous les comparons à des habitudes de pensée, tout comme la dépression de Monica (chapitre premier) s'explique aisément par ses habitudes de pensée.

De la même manière, j'expliquerai la compassion, l'attention et la gratitude en fonction de pensées habituelles et de leurs conséquences sur nos émotions et notre comportement. De plus, je reviendrai inlassablement sur les mêmes principes fondamentaux et je vous aiderai à l'occasion à raffiner votre technique. Voici ces principes fondamentaux :

- découvrir pourquoi passer votre vie à désirer les choses que vous n'avez pas et que vous ne posséderez vraisemblablement jamais nuit à votre qualité de vie et à celle des personnes qui vous entourent ;
- découvrir les habitudes de pensée fausses et nocives au sujet des bonnes choses que vous possédez déjà et qui, avec le temps, vous seront inévitablement enlevées ;
- apprendre que vous, comme toute personne, en voulez toujours plus : plus de richesse, plus de reconnaissance et plus d'amour ;
- apprendre que le désir persistant et insistant d'en avoir toujours plus peut être corrigé, comme toute autre mauvaise habitude de pensée ;
- faire un examen de vos désirs persistants d'en avoir toujours plus et les remettre en question ;
- acquérir de nouvelles habitudes de pensée pour remplacer vos désirs habituels ;
- pratiquer ces nouvelles habitudes de pensée dans diverses situations et en rapport avec divers problèmes de la vie ;
- découvrir de nouvelles habitudes de comportement et d'expression pour soutenir vos nouvelles habitudes de pensée ;
- apprendre à remarquer et à apprécier les bienfaits pratiques, émotionnels et spirituels de vos nouvelles habitudes de pensée.

Des habitudes de pensée empreintes de compassion

Des habitudes de pensée empreintes de compassion reconnaissent le caractère unique et l'importance de toute personne, même la plus désagréable et la plus dangereuse. Elles nous rappellent que personne ne *mérite* la douleur ou la joie, le succès ou l'échec. Ces choses tiennent souvent de la chance. Même lorsque la société exige punitions ou représailles, il est inutile de détester quiconque doit être châtié. Une personne dont les pensées sont empreintes de compassion garde à l'esprit que le commerce avec les gens qui l'entourent est généralement agréable et qu'elle peut apprendre d'eux ou s'en inspirer.

Des habitudes de pensée empreintes d'attention

Les habitudes de pensée empreintes d'attention reconnaissent la valeur et le caractère unique du moment présent. La joie se conjugue au présent, et non au passé ni au futur. L'ambition ou la nostalgie excessives détruisent la joie de vivre. Par la pratique de l'attention, nous apprenons à ne pas ternir ni dénigrer le moment présent en passant des jugements inutiles sur notre réalité. Nous apprenons à accepter avec sérénité un monde nécessairement imparfait. En fait, nous apprenons qu'un monde parfait n'est ni possible ni désirable. Dans certains cas, nous pouvons même apprendre à apprécier les problèmes et les imperfections de la vie.

Des habitudes de pensée empreintes de gratitude

Les habitudes de pensée empreintes de gratitude reconnaissent toutes les bonnes choses que nous possédons déjà. Nous apprenons à ne pas les tenir pour acquises et à en tirer de la joie, même si elles sont ordinaires et familières. Nous apprenons qu'en prenant l'habitude d'avoir des pensées empreintes de gratitude, nous pouvons modérer la cupidité inlassable qui découle des désirs instinctifs de l'être humain d'en avoir toujours plus.

La suite

Dans le chapitre 3, je tente de vous inspirer en attirant votre attention sur tous les bienfaits de savoir apprécier ce que l'on a. Je tente aussi de vous faire prendre conscience des problèmes associés au désir incessant d'avoir ce qu'on ne possède pas. Dans le chapitre 4, j'examine le désir irrépressible d'en avoir toujours plus ainsi que ses origines instinctives et universelles. Dans les chapitres 5 à 8, je commence à décrire les principes fondamentaux de la méthode « savoir apprécier ce que l'on a » : la compassion, l'attention et la gratitude, je décris chacun de ces principes surtout en fonction de croyances et de pensées habituelles.

Dans les chapitres 9 à 16, j'explique comment vous pouvez utiliser ces trois principes pour résoudre des problèmes dans toutes sortes de circonstances. Dans le chapitre 17, je fournis divers exercices pour que la pratique de la compassion, de l'attention et de la gratitude continue à vous inspirer et à vous motiver pendant bien longtemps.

Chapitre 3

La magie et la grandeur
de l'existence ordinaire

Ce chapitre a pour but de vous inspirer et de vous aider à imaginer les changements qui surviendraient dans votre vie et en vous-même si vous appreniez à savoir apprécier ce que vous avez.

La planète du plaisir

Cet exercice a été inspiré par une nouvelle de Harlan Ellison intitulée « Strange Wine ». Dans cette histoire, un homme se suicide à la fin d'une vie que la plupart des gens trouveraient triste et solitaire. Il faisait un travail fastidieux, son mariage avait été malheureux et l'un de ses enfants était décédé. Après sa mort, il se retrouve sur une planète sinistre et sans relief, habitée par des créatures en forme de crabe. Il se rappelle avoir déjà vécu sur cette planète, sous la forme d'un de ces crabes, avant d'être envoyé sur Terre sous la forme d'un être humain.

Il demande quel crime il a bien pu commettre pour justifier une sentence aussi sévère qu'une existence sur Terre. On lui répond que la Terre est la « planète du plaisir », un endroit où il y a plus de joie et moins de souffrance que n'importe où ailleurs dans l'univers connu. On l'avait envoyé vivre une vie sur Terre pour le récompenser de son comportement exemplaire.

L'histoire se termine sur une note impressionniste mais touchante : « […] et il savait qu'ils lui avaient offert en présent la plus grande joie permise aux races de créatures vivant dans les galaxies éloignées. Le présent de quelques précieuses années dans un monde où le niveau d'anxiété est beaucoup moins élevé que partout ailleurs. Il s'est rappelé la pluie et le sommeil, la sensation du sable entre ses orteils et le bruit de l'océan qui murmure son éternelle mélodie et, par des nuits comme celles qu'il détestait sur la Terre, il dormait et rêvait à la vie sur la planète du plaisir. »

Cet homme avait été incapable de reconnaître la planète du plaisir avant qu'il ne soit trop tard. Néanmoins, il pouvait se rappeler que ses expériences avaient été agréables, même s'il n'en avait pas apprécié la beauté et la joie la première fois. Il était incapable de les voir parce qu'il était trop préoccupé par ce qu'il voulait et qu'il ignorait ou dépréciait ce qu'il avait.

Cette histoire vous indique la voie pour savoir apprécier ce que vous avez. En fait, je pense que cette nouvelle a été l'une de mes premières inspirations sur cette voie. J'en avais entendu parler par un client en 1983. L'histoire nous met au défi d'imaginer quelle aurait été l'attitude du personnage principal s'il avait su qu'il avait le privilège de vivre une seule vie sous forme humaine sur la planète du plaisir. Elle nous met aussi au défi de réfléchir à notre propre vie et de remettre en question ce que nous tenons pour acquis. Relevez le défi. Essayez de faire l'exercice qui suit.

Imaginez que vous venez de rencontrer des extraterrestres, de toute évidence sages, bien disposés et très avancés sur le plan technique, qui atterrissent dans votre jardin sans être repérés par l'aviation. Ils vous montrent des tas de choses extraordinaires et vous en racontent encore plus. Fait étonnant, ces créatures extraterrestres vivent une sorte de réincarnation. Si elles mènent une vie noble et admirable, elles ont le droit de renaître sur la planète du plaisir et d'y passer le temps d'une vie. Il s'agit d'une planète où la douleur est moins pénible que partout ailleurs dans l'univers connu, où il y a plus d'amour et de gentillesse que partout ailleurs, où les beautés naturelles sont plus spectaculaires et plus abondantes, et les mystères, plus subtils. Naturellement, vous leur demandez où cette planète se trouve et ils vous répondent : « Mais c'est la Terre, bien sûr. Vous ne le saviez pas ? »

Prenez le temps de digérer cette histoire, puis posez-vous les questions qui suivent. Passez quelques minutes à réfléchir à chacune et notez mentalement vos réponses.

1. Regardez le monde autour de vous. Seriez-vous porté à le voir, à le sentir, à le goûter et à le humer différemment si vous aviez la certitude de vivre sur la planète du plaisir ?
2. Vos sentiments envers les êtres qui vous sont chers seraient-ils différents si vous étiez convaincu que la Terre est la planète du plaisir ?
3. Réfléchissez aux plaisirs simples que vous avez appréciés au cours des ans : le rire, le sexe, l'affection, le jeu, le travail bien fait, la bonne chère, la camaraderie et ainsi de suite. Prennent-ils une couleur différente si vous prétendez que ce sont des plaisirs suprêmes ?
4. Imaginez quelles seraient vos pensées et vos émotions si vous passiez le reste de votre vie convaincu que la Terre est la planète du plaisir. Sur le plan émotif et sur le plan pratique, vous sentiriez-vous mieux ou moins bien que maintenant ?

Pour référence future, notez dans votre cahier les pensées et les sentiments qui ont surgi dans votre esprit pendant cet exercice.

Angela, une de mes lectrices, a noté ce qui suit après avoir fait cet exercice :

J'ai mis quelques minutes à embarquer, jusqu'à ce que je me rappelle le plaisir que j'avais à jouer à « faire semblant » quand j'étais enfant. Je m'amusais beaucoup quand je jouais à ce jeu. Je me suis aussitôt rappelée que je tiens pour acquis les caresses, le sexe et les orgasmes, ainsi que le vin rouge et le fromage. Ce sont là quelques-unes de mes choses préférées. Je n'ai pas eu de difficulté à me convaincre que ce sont des plaisirs uniques et très particuliers. Quand j'ai pensé que je devrais vraiment croire à cette planète du plaisir pour le reste de ma vie, j'ai été rebutée, mais c'était surtout parce que je m'imaginais en parler à tout le monde. Et si je gardais cette information pour moi ? Je ne vois pas pourquoi ça ne marcherait pas. Je continuerais à aller travailler et à aller chez le dentiste, mais la plupart du temps, je me sentirais heureuse d'avoir la chance de faire ces choses. Je saurais aussi quand arrêter de travailler et de m'inquiéter des honoraires du dentiste, parce que j'apprécierais les autres choses merveilleuses qu'il y a à faire.

Un lecteur appelé Robert a eu une réaction très différente. «J'ai aimé cet exercice à certains égards, mais à d'autres égards il m'a déprimé. J'ai contemplé ma vie et je me suis dit: "Est-ce vraiment ce que je peux espérer de mieux?"»

Robert n'a pas vraiment compris. Le personnage principal de la nouvelle d'Ellison entretient les mêmes doutes sur lui-même et finit par se suicider parce qu'il n'a pas su voir la beauté et le mystère autour de lui. S'il a été incapable de les voir, c'est parce qu'il ne s'y attardait pas. Ses habitudes de pensée lui ont caché la beauté et le mystère de la vie. Mais une fois qu'il s'est attendu à voir la beauté et le mystère de sa vie, il a su les percevoir très clairement, même s'ils n'étaient déjà plus qu'un souvenir.

Je répondrais à Robert que les circonstances de la vie, bonnes et mauvaises, pourraient ne jamais être meilleures qu'elles le sont aujourd'hui. Son défi consiste à trouver de la satisfaction et un sens à sa vie *telle qu'elle est*. Si sa vie lui semble décevante et peu susceptible de changer, il ne doit pas se décourager mais plutôt essayer de la voir d'un œil neuf.

C'était le bon vieux temps

Les deux prochains exercices ne demandent pas autant d'imagination mais pour la plupart des gens, ils sont tout aussi puissants.

Les bonnes choses de la vie

Dans votre cahier, dressez une liste des bonnes choses qui font maintenant partie de votre vie et que vous avez déjà désiré posséder sans vraiment y croire.

Objets de nostalgie future dans ma vie actuelle

Maintenant, imaginez que le temps viendra où vous vous remémorerez des jours comme aujourd'hui avec nostalgie. Imaginez que vous pensez : « Oh ! c'était le bon vieux temps ! Je ne m'en rendais pas compte. J'aimerais pouvoir le revivre pour l'apprécier à sa juste valeur. » Dressez la liste des bonnes choses qui font maintenant partie de votre vie et que vous vous remémorerez peut-être un jour avec nostalgie.

Angela a noté ce qui suit :

Les bonnes choses que j'ai désirées et qui font maintenant partie de ma vie : une bonne collection de disques ; de nombreux amis ; deux beaux enfants intelligents, aimants et heureux ; un mari affectueux qui ne me trompe pas et ne se plaint pas s'il doit faire la vaisselle ; une relation amicale avec ma mère ; un travail intéressant qui respecte les valeurs sociales et écologiques. Je pourrais continuer toute la journée, mais ce sont parmi les premières choses qui me viennent à l'esprit.

Les choses qui font partie de ma vie et que je me remémorerai avec nostalgie : je suis plutôt athlétique ; je suis invitée à des soirées agréables ; je me sens jeune ; j'ai l'air jeune, enfin

assez jeune; mes enfants sont gentils et affectueux la plupart
du temps. Quand ils rentrent de l'école avec l'artisanat de leur
projet de classe, leurs yeux brillent de fierté. Ça me fait pleurer
quand j'y pense.

Le visage de Dieu

D'une façon ou d'une autre, toutes les grandes religions enseignent la divinité de l'individu ou, dans certains cas, de toute
créature vivante. Certaines religions enseignent que les êtres
humains ont été créés à l'image de Dieu; d'autres mettent l'accent sur l'âme éternelle, tandis que d'autres encore enseignent
que la conscience est une partie de l'esprit de Dieu temporaire-
ment incarnée sous forme humaine. Les arguments abstraits sur
la validité des différentes doctrines ne me semblent pas très productifs. J'estime qu'ils sont tous infiniment discutables et que tous
les arguments de ce genre passent à côté de l'essentiel.

L'essentiel, c'est que nous, êtres humains, avons le pouvoir de
sentir, tant bien que mal, la divinité dans toute autre personne.
Plus poétiquement, disons que nous avons tous, en théorie, la possibilité de voir le visage de Dieu dans le visage de tout être vivant.

En pratique, cependant, peu de gens voient le visage de Dieu
dans leur prochain, tout comme le personnage d'Ellison n'a pas
su reconnaître qu'il vivait sur la planète du plaisir jusqu'à ce qu'il
soit trop tard.

La majorité des gens ne perçoivent qu'*occasionnellement* la
divinité des gens ordinaires. Ces révélations sont souvent inspi-
rées par la dévotion religieuse, le cinéma, la poésie, les chansons,
le théâtre, les drogues ou des moments de grande intimité avec
l'être cher. Pour la plupart d'entre nous, ces moments sont rares.
Pourquoi? Parce que rares sont les gens qui essaient de voir la
divinité chez les autres et, parmi eux, la plupart ne connaissent
pas de moyen d'atteindre ce niveau de conscience. Les drogues
(le LSD par exemple) ont été utilisées à cette fin, mais les résul-

tats étaient imprévisibles et il semble que les révélations du LSD aient été très évanescentes.

Le présent chapitre a pour but d'inspirer les lecteurs et de les aider à apprécier ce qu'ils ont ainsi que les personnes qui les entourent. Si vous le désirez et si vous persévérez, vous pouvez apprendre à apprécier les personnes qui font partie de votre vie.

Pour cet exercice, pensez à une personne de votre connaissance sur laquelle concentrer votre attention. Ne choisissez pas une personne que vous aimez ou détestez, mais plutôt quelqu'un que vous connaissez relativement bien et pour qui vous n'avez pas de sentiments très profonds. Imaginez cette personne le plus clairement possible dans chacune des situations suivantes. Vous verrez bien sûr son visage, mais une personne n'est pas qu'un visage. Imaginez sa façon de bouger, le son et le rythme de sa voix, les mots qu'elle emploie, s'il y a lieu, et même son rythme cardiaque et sa respiration.

Imaginez cette personne :

- nue, dans les bras de sa mère, quelques secondes après sa naissance ;
- à six ans, en train de s'amuser ;
- en train de faire un geste empreint de gentillesse et d'altruisme ;
- en train de regarder dans les yeux une personne qu'elle aime ;
- pendant un moment de désespoir ;
- pendant un moment de douleur profonde ;
- lors de son dernier souffle.

Écrivez dans votre cahier comment vos sentiments envers cette personne ont changé à la suite de cet exercice. Si votre façon de voir les gens en général a changé, notez-le aussi.

Cyara a écrit ce qui suit :

J'ai pensé à une femme avec laquelle je travaille depuis 12 ans. Je lui parle presque tous les jours. Avec les années, j'ai appris à la connaître un peu. Je ne peux pas dire que je l'aime ou que je la déteste. Elle éprouve probablement les mêmes sentiments à mon égard. Les premières visualisations ont complètement détruit toutes les petites catégories dans lesquelles je l'avais rangée. Que je la juge stupide ou intelligente, charmante ou grossière, cela a perdu toute importance. Je me suis rendu compte que je l'étiquetais selon la place qu'elle occupait dans mes plans. Je ne m'étais jamais demandé si je m'insérais bien dans ses plans à elle. Je me sentais un peu honteuse de la façon égoïste et superficielle dont je l'avais traitée. Je me suis imaginé que je la voyais comme Dieu la verrait, si je croyais en Dieu, ce qui n'est pas le cas. Peu importe, j'aimais la voir de cette façon. Lorsque je l'ai revue, je me suis sentie dans un état de grâce. Je retomberai sans doute dans mes vieilles habitudes, mais j'espère que je continuerai à redécouvrir ces choses en elle et en toute personne jusqu'à ce que je ne les oublie plus.

Ce chapitre a été conçu pour vous donner une idée concrète de la façon dont votre vie pourrait changer si vous commenciez à vous adonner sérieusement à l'étude de l'art de savoir apprécier ce que vous avez. Revoyez brièvement les exercices du présent chapitre et réfléchissez aux choses qu'ils ont évoquées en vous. Si vous avez été inspiré, notez ces inspirations.

Chapitre 4

Les désirs insatiables

Selon le Bouddha, tout être vivant souffre et la source de cette souffrance est le désir. Cet enseignement revient souvent dans les traditions judéo-chrétiennes plus proches de nous. Les enseignements du Christ à cet égard n'étaient pas très différents, mais il a été plus précis. Il a insisté sur des désirs en particulier, comme le désir de vengeance, le désir de richesse, le désir de la femme du voisin et ainsi de suite.

Le problème ne réside pas dans les désirs eux-mêmes, car les désirs et leur satisfaction peuvent certainement procurer du plaisir. Les bébés naissent du désir mutuel d'un couple heureux. On désire aller à la montagne, on planifie une excursion, on la fait et on est heureux. Où est le problème ?

Malheureusement, les désirs n'ont pas de fin. Peu importe le nombre de désirs que vous satisfassiez, de nouveaux désirs surgissent pour remplacer les anciens. Si vous comblez tous vos désirs peu coûteux, vous en développerez de plus extravagants. Si vous êtes instruit, vous souhaiterez l'être davantage. Si vous satisfaites des ambitions modestes, vous en aurez de plus grandes. Si vos enfants sont intelligents, vous les voudrez brillants. S'ils sont brillants, vous les voudrez des lauréats du prix Nobel. Si vous subissez une chirurgie plastique pour vous embellir, votre nouvelle beauté ne sera jamais à la hauteur de vos attentes.

Voici donc le défi à relever : savoir que vous ne vous incarnez pas dans vos désirs ; vous pouvez décider de changer votre rapport au désir. La nature veut que tous les êtres humains éprouvent un nombre incalculable de désirs, à peu près tous les mêmes, à quelques variations près. Sachez que ces désirs ne sont que des forces naturelles impersonnelles à l'œuvre dans votre corps physique et dans la chimie de votre cerveau.

Par exemple, la plupart des adultes en santé éprouvent des désirs sexuels de temps en temps. Pourtant, des gens dont les désirs sexuels sont semblables font des choix très différents quant à la façon de les assouvir. Certains choix sont sages, d'autres le sont moins ; certains procurent de la joie, d'autres, de la souffrance. Certains choix sexuels causent tellement de malheur autour d'eux qu'on peut à juste titre les qualifier de péchés.

Cela est le début d'un modèle cognitif qui vous aidera à apprécier ce que vous avez. La première étape, essentielle, consiste à reconnaître les habitudes de pensée qui sont incompatibles avec cette philosophie. Il s'agit d'une tâche pénible sur le plan émotif, car elle exige qu'on remette en question ses croyances les plus chères et les plus profondes.

Voyez quelles sont vos convictions les plus profondes à l'aide des phrases qui suivent. Dans les chapitres subséquents, vous ferez un inventaire des diverses manières dont vous pourriez compléter ces phrases. Pour le moment, ne pensez qu'à quelques façons dont vous pourriez les compléter, même une seule par énoncé. Réfléchissez-y et notez vos réponses et vos réactions dans votre cahier.

1. Si je n'arrive jamais à avoir _____ , il me sera très difficile d'être heureux et satisfait. Je me sentirai probablement _____ .

2. Si je ne réussis jamais à _____ , il me sera très difficile d'être heureux et satisfait. Je me sentirai probablement _____ .

3. Si je ne peux jamais faire l'expérience de _____ , il me sera très difficile d'être heureux et satisfait. Je me sentirai probablement _____ .

4. Si je continue à faire _____ , il me sera encore difficile d'être heureux et satisfait. Je me sentirai probablement _____ .

5. Si un jour je ne peux plus _____ , il me sera très difficile d'être heureux et satisfait. Je me sentirai probablement _____ .

6. Si un jour je perds _____ , il me sera très difficile d'être heureux et satisfait. Je me sentirai fort probablement _____ .

Sylvie a écrit les remarques suivantes :

Quand j'examine mes désirs sous cet angle, je me rends compte que Bouddha avait raison de voir dans les désirs la cause de toutes les souffrances. Voyons… si je n'ai pas le corps mince et filiforme que je désire, je serai malheureuse. Si je n'arrive jamais à être indépendante financièrement, je serai malheureuse. Si je n'arrive pas à éprouver une affection et une sympathie sincères envers mon père, je serai malheureuse. Si je dois continuer à travailler à mon emploi actuel, qui ne devait être qu'une solution temporaire il y a six ans, je serai malheureuse. Cela n'a pas de fin. C'est comme si je possédais un pouvoir psychique me permettant de prédire l'avenir et que je prédisais mon propre malheur, et même mon désespoir.

On peut formuler la première vérité du Bouddha d'une autre façon : « La vie est incertaine. » Voilà qui est plus sensé. Il n'est pas *entièrement* vrai que toutes les créatures souffrent. La plupart des gens, partout dans le monde, se déclarent « assez heureux » ou « très heureux » à moins d'être gravement malades ou affamés.

Bouddha a peut-être voulu comparer l'insatiabilité de nos désirs avec l'incertitude de la vie. Il a peut-être voulu dire : « La vie est incertaine. Pourtant, dans nos pensées, nous réclamons la certitude, ce qui nous laisse, pauvres humains, dans une position impossible. »

Sylvie veut avoir la certitude qu'un jour elle aura le corps mince et athlétique dont elle rêve depuis des années. Elle veut avoir la certitude qu'un jour, pendant qu'elle est encore assez jeune pour en profiter, elle deviendra indépendante sur le plan financier. Être déçue dans ces ambitions lui semble *inacceptable*. Dans notre esprit, nous transformons nos désirs en *besoins* et nos besoins en *droits*. Dès le début de sa vie adulte, Sylvie a rêvé d'indépendance financière. Son échec la trouble et elle n'aime pas ce sentiment. Bientôt, elle prend l'habitude de penser qu'elle a *besoin* de devenir indépendante sur le plan financier. L'idée de continuer indéfiniment à être frustrée par ses ressources financières limitées devient insupportable. Elle constate que d'autres, moins méritants qu'elle, ont réussi à acquérir l'indépendance financière dont elle rêve. Pourquoi pas elle ? S'ils peuvent le faire, elle aussi y a droit. Donc, comme son désir demeure frustré, Sylvie a l'impression qu'on l'a privée de quelque chose de précieux. Elle se sent flouée, en colère ou désespérée, ou les trois.

La condition humaine, faite de désirs insatiables se heurtant à une profonde incertitude, produit d'énormes conséquences. En voici un petit échantillon :

- une appréciation limitée des gens qui nous entourent ;
- une bonté ou une générosité limitée ;
- la cupidité ou la volonté de blesser des innocents pour parvenir au succès ;
- la peur du deuil et de la solitude ;
- l'ennui ou l'agitation ;
- la dépendance excessive de l'approbation des autres ;
- la peur de la mort ; le refus de réfléchir à la mort ;
- les craintes, les regrets et le ressentiment qui s'accumulent avec l'âge ;
- les doutes sur la valeur de la vie (la vie vaut-elle la peine d'être vécue ?) ;
- la morosité devant la vie ;
- le sentiment de ne pas avoir vécu pleinement, que la coupe de la vie ne déborde pas encore ;

- le sentiment d'être passé à côté des plaisirs, de la beauté et du mystère de la vie, sans possibilité de changement;
- le sentiment que les autres ont su trouver le sens profond de la vie, mais pas nous;
- une disposition à suivre des politiciens ou des dictateurs qui promettent de réaliser tous nos rêves;
- une disposition à souscrire à des croyances religieuses auto-destructrices qui promettent de réaliser tous nos rêves.

Les gens ainsi troublés ne souffrent pas continuellement. En fait, ils semblent souvent assez heureux. Pourtant, ils n'ont pas réussi à transcender la condition humaine. Je traiterai de ces sujets dans des chapitres subséquents. Pour le moment, notre but consiste à mieux cerner le problème.

La géographie du désir

Les gens désirent tellement de choses de tellement de manières qu'il est difficile d'avoir une vue d'ensemble de ce qu'est le désir. Mais si nous arrivons à mieux comprendre les gens en général, nous arriverons à mieux nous comprendre nous-mêmes.

Naturellement, l'instinct de survie est le plus fort de tous les désirs. Les besoins d'eau, de nourriture, d'abris et de protection contre les dangers immédiats viennent toujours en premier. Une fois ces besoins satisfaits, les gens désirent ce qu'il leur faut pour se reproduire avec succès, ce qu'on peut résumer comme étant le désir de richesse, de statut et d'amour.

La richesse

La richesse n'est pas que de l'argent; la richesse, c'est toutes les choses que l'argent peut acheter, en particulier des aliments sains et variés, de bons soins médicaux, du repos et du confort, des loisirs, de l'éducation, des commodités, de bonnes garderies, de l'aide personnelle, des faveurs, l'accès à toutes sortes d'occasions de devenir encore plus riche, et ainsi de suite.

Si vous n'éprouvez à peu près pas de désir de richesse, vous êtes soit une personne peu commune, soit une personne qui se connaît mal. Ne voyez pas la richesse uniquement comme de l'argent à la banque ou une voiture de luxe dans le garage. Relisez le paragraphe précédent et trouvez de bonnes choses que vous désirez, mais qui ne sont pas faciles à obtenir sans argent. À l'aide d'un tableau comme celui ci-dessous, notez ces choses dans votre cahier pour pouvoir vous y reporter plus tard. Inscrivez autant d'objets ou de formes de richesse que vous le désirez.

FORMES DE RICHESSE QUE JE DÉSIRE

Objet	Intensité (1 = très faiblement ; 10 = très intensément)

La reconnaissance

La reconnaissance est une chose difficile à obtenir et plus particulièrement dans des pays où il existe un grand nombre de sous-cultures. Le héros d'une sous-culture peut être un objet de dérision dans une autre. Néanmoins, il est facile de voir qui jouit d'une plus ou moins grande reconnaissance dans une société. Si vous êtes reconnu, on vous traite avec déférence. Si les gens vous méprisent, ils cachent leurs sentiments. D'autres vous admirent parce que vous avez du pouvoir. Certains iront même jusqu'à vous craindre uniquement à cause de votre pouvoir. Vous avez le pouvoir de fixer les règles, de décider qui est récompensé et qui est puni.

La reconnaissance peut prendre des formes bizarres. J'ai observé des sous-cultures dans lesquelles les gens cherchaient à être aussi modestes ou aussi autodestructeurs que possible. Ces bizarreries sont inexplicables en dehors du contexte de la sous-culture. Par exemple, un membre d'une fraternité qui boit le plus et a le plus d'altercations avec la police peut obtenir une certaine reconnaissance de ses pairs. Si ce n'était pas le cas, il mettrait fin *illico* à ce genre de comportement.

La plupart des gens insistent sur le fait qu'ils n'ont rien à faire de la reconnaissance. Mais qui ne désire pas être apprécié? Qui n'a jamais souhaité pouvoir changer le monde comme il le voudrait? Qui n'a jamais souhaité être traité avec plus de respect? En me plongeant dans la sous-culture des hommes blancs d'un certain âge, mariés et membres de la classe moyenne, j'ai (malheureusement) constaté que l'amitié entre hommes n'est qu'un arrangement de déférence mutuelle et que la loyauté et l'affection sincères sont rares.

Relisez le paragraphe sur la reconnaissance. Prenez une grande respiration et réfléchissez: quelles formes de reconnaissance désirez-vous? À l'aide d'un tableau comme celui ci-dessous, notez-les dans votre cahier pour pouvoir vous y reporter plus tard.

FORMES DE RECONNAISSANCE QUE JE DÉSIRE

Objet	Intensité (1 = très faiblement; 10 = très intensément)

L'amour

L'amour comprend bien sûr l'amour romantique et sexuel, mais il est beaucoup plus vaste que cela. Un bon ami fera des pieds et des mains pour quelqu'un qu'il aime. La loyauté et la générosité des parents, des frères et sœurs, et des autres membres de la famille sont importantes et apportent beaucoup de satisfaction émotionnelle. On peut aussi aimer un héros pour les sacrifices qu'il a faits dans l'intérêt de tous.

Une femme heureuse en ménage, qui a des enfants en santé et épanouis, et de bonnes relations avec ses parents, peut s'imaginer que son besoin d'amour est entièrement comblé. Si cela est vrai, elle est une femme qui sort de l'ordinaire. Sans doute a-t-elle plutôt besoin d'apprendre à mieux se connaître. Est-elle entièrement satisfaite de la façon dont ses amis, ses voisins et les membres de sa famille la traitent ? Souhaite-t-elle que son dévouement soit plus largement reconnu ? Voudrait-elle que ses enfants lui soient plus reconnaissants de tout ce qu'elle fait pour eux ? Aimerait-elle que son mari soit plus romantique et peut-être un peu plus fringant au lit ? Elle a sans doute répondu oui à toutes ces questions.

Relisez le passage sur l'amour. Dans un tableau comme celui ci-dessous, notez dans votre cahier les formes d'amour que vous désirez le plus pour pouvoir vous y reporter plus tard.

FORMES D'AMOUR QUE JE DÉSIRE

Objet	Intensité (1 = très faiblement ; 10 = très intensément)

L'exercice de la loterie

Certains scientifiques consacrent leur carrière à l'étude du bonheur et du malheur. Ils ont découvert que des personnes ordinaires qui gagnent une grosse somme d'argent à la loterie finissent par être moins heureuses qu'elles ne l'étaient avant. Un pourcentage étonnamment élevé des gagnants auraient préféré ne pas gagner.

Vous savez pourquoi, n'est-ce pas? Répétez après moi: *Ces personnes ne savent pas où faire leurs courses!*

Sans blague, essayez d'aborder le sujet dans une réunion sociale. La plupart des gens refuseront de vous croire. C'est peut-être vrai pour les autres, mais la plupart seront convaincus qu'eux-mêmes sauraient profiter pleinement de *leurs* gains.

Pourquoi? Parce que les gens protègent leurs désirs les plus chers contre la dure réalité de la vie. Une bonne façon de le faire est d'ignorer cette réalité, tout simplement. C'est ce que les gens font quand on leur parle des loteries et du bonheur. Dans votre for intérieur, n'êtes-vous pas vous-même convaincu que vous seriez l'exception à la règle? Que *vous* sauriez apprécier vos gains? Et même si c'était vrai, cela ne fait pas de vous un imbécile, seulement un humain. Pour vous préparer à remettre en question vos croyances les plus profondes sur vos raisons de vivre, examinez le sujet de la loterie plus attentivement et d'un point de vue plus personnel.

L'exercice de la loterie peut sembler exagérément pessimiste. Pourtant, le pessimisme et l'optimisme peuvent prendre plusieurs formes. S'il n'y avait rien d'autre, l'exercice serait en effet plutôt cynique. Mais il y a plus. Ce n'est que le début. Entre-temps, vous n'aurez plus jamais à vous sentir déçu de ne pas avoir gagné à la loterie.

L'auto-examen

Si vous êtes comme la plupart des gens, vous trouvez difficile de reconnaître que vous avez un aussi grand nombre de désirs et qu'ils sont d'une telle intensité. Vous trouvez sans doute encore plus troublant de constater combien de ces désirs restent sans écho. Cependant, ces exercices ne visent pas uniquement à vous mettre au supplice. Dans le chapitre 1, Monica a dû confronter sa sincère conviction qu'elle était stupide avant de pouvoir la remettre en question et la contester. Lorsqu'elle a contesté cette opinion erronée, elle a été capable de lui substituer une opinion plus réaliste et plus gaie, et de faire de cette nouvelle opinion une habitude. Lorsqu'elle a réussi, elle s'est sentie beaucoup mieux. De la même façon, votre but consiste à découvrir les habitudes de pensée qui multiplient inutilement vos désirs et intensifient votre détresse lorsqu'ils sont frustrés.

En faisant l'exercice qui suit, vous découvrirez une variété de choses qui pourraient vous arriver si vous gagniez plusieurs millions de dollars à la loterie. Ne prenez pas cet exercice trop au sérieux. Le cœur léger et l'esprit ouvert, lisez les différents points et attribuez une note de probabilité qu'ils se réalisent. Notez vos réponses dans votre cahier.

1 = très probable   3 = neutre ou indécis   5 = très peu probable

1. Mes amis et les membres de ma famille découvrent toutes mes bonnes qualités.
2. Je commence à comparer mes beaux habits neufs à ceux des gens riches et célèbres, et je me sens encore plus inadéquat qu'avant.
3. Mes enfants sont plus coopératifs et manifestent plus d'intérêt pour leurs travaux scolaires.
4. Je m'achète un super lecteur de CD et tous les disques compacts que j'ai toujours voulu posséder, mais je les écoute rarement.
5. Mon mariage devient plus tendre, plus romantique et plus satisfaisant sur le plan sexuel.
6. Je m'achète une télévision à l'écran immense, mais je réalise que les émissions sont toujours aussi stupides.
7. Une piscine, une cuisine, une auto et une garde-robe neuves me procurent un bonheur éternel.

8. Je n'arrive plus à me sentir proche des gens qui m'entourent parce que je ne sais pas s'ils m'aiment vraiment ou s'ils ne s'intéressent qu'à mon argent.

9. Je peux m'acheter toutes sortes de médicaments coûteux, des chirurgies esthétiques, des vitamines et passer beaucoup de temps à m'entraîner. Je me sens plus jeune que jamais.

10. J'épuise mes gains avant d'avoir pu m'acheter la moitié de ce que je désirais ou d'avoir pu aider la moitié des gens que je voulais aider, et l'argent m'angoisse plus qu'avant.

11. Je cesse de me préoccuper d'être en santé, de vieillir et de mourir. Je cesse de m'inquiéter au sujet de ma jeunesse et de ma beauté envolées.

12. Je voyage dans de nombreuses destinations exotiques pour me retrouver d'une fois à l'autre dans un piège à touristes.

13. Je ne suis plus triste comme je l'étais avant. Je ne me sens plus incompris ou tenu pour acquis.

14. Je me découvre des tas de nouveaux désirs pour des choses que même un gagnant à la loterie ne peut s'offrir.

Vous n'êtes pas le seul à éprouver des désirs puissants et persistants pour des choses que vous ne pourrez jamais vous offrir. Il s'agit d'un problème universel. Dans les chapitres subséquents, vous apprendrez comment adopter envers vos désirs une attitude différente qui vous permettra, je l'espère, d'améliorer votre qualité de vie et qui fera de vous une personne plus généreuse et plus animée de compassion.

Les traditions hindoue et bouddhiste nous encouragent à renoncer au désir. La tradition judéo-chrétienne met l'accent sur les désirs coupables, mais l'idée fondamentale est pratiquement la même. Beaucoup de gens trouvent cette suggestion illogique, parce qu'ils estiment que les désirs ne sont pas volontaires et qu'on ne peut pas les contrôler en appuyant sur un bouton.

Certains trouvent l'idée de la renonciation triste ou peu attirante. Ils se demandent avec raison : « Si je renonce au désir d'un lait battu au chocolat, est-ce que je pourrai encore trouver du plaisir à boire des laits battus au chocolat ? Me donnerai-je la peine d'en boire encore ? Si je renonce à tous mes désirs, d'où tirerai-je mes plaisirs et mes joies ? »

L'exercice suivant est une façon plus conviviale de comprendre ce qu'est la renonciation.

Relisez les phrases que vous avez complétées aux pages 36 et 37. Rappelez-vous vos réactions et revoyez vos notes. Concentrez-vous sur un des points auxquels vous avez réfléchi et écrivez-le de nouveau dans votre cahier.

Maintenant, imaginez que vous pouvez prendre un comprimé magique qui modifierait instantanément et sans effort cette habitude de pensée. Après avoir pris le comprimé, vous pourrez poursuivre votre but et vous réjouir de l'avoir atteint, si cela est possible. La seule chose qui changera est votre conviction que vous serez très malheureux si vous ne l'atteignez pas.

En quoi êtes-vous différent après avoir pris le comprimé ? Prenez votre temps. Laissez votre fantasme devenir plus réel et plus vivant. N'essayez pas de diriger vos pensées. Laissez-les prendre vie et suivre leur cours. Écrivez votre réaction.

Sylvie avait écrit ceci :

Si je n'arrive jamais à être indépendante sur le plan financier, j'aurai beaucoup de difficulté à être heureuse et satisfaite. En fait, je me sentirai probablement humiliée et anxieuse, peut-être même paniquée. Je pourrais devenir dépressive parce que je ne pourrai pas faire toutes les choses merveilleuses que j'ai toujours espéré pouvoir faire un jour.

Après avoir fait cet exercice, Sylvie a écrit ce qui suit :

D'accord, après avoir pris ce comprimé (un petit comprimé ovale très dur phosphorescent dans l'obscurité), mes pensées sont les suivantes. La vie est incertaine. Je réussirai peut-être à devenir indépendante sur le plan financier, peut-être pas. D'une façon ou d'une autre, il y aura toujours des tas de choses agréables à apprécier. Si je baisse dans l'estime de certaines personnes parce que j'ai des meubles usagés, c'est leur problème. Si mes frères et sœurs me méprisent parce que je demande un peu d'argent à ma mère de temps en temps, je n'ai pas besoin de m'en faire pour cela. J'aurai peut-être plus de temps à consacrer à des amitiés satisfaisantes. De toute façon, je sais que j'ai le pouvoir d'être heureuse et d'apprécier mon travail dans ce resto rapide si c'est ce que je dois faire pour survivre. Ce genre de réflexion me rend plus calme. Je remarque les nuages par la fenêtre. Je remarque à quel point j'aime la musique qui joue à la radio.

Si la renonciation signifiait laisser tomber ses goûts, ses intérêts, ses talents et ses plaisirs, personne ne le ferait. Les rares personnes que j'ai connues qui semblaient avoir renoncé à tout intérêt et à tout plaisir souffraient de schizophrénie chronique et étaient loin de l'illumination. Leur vie était un tourment continuel.

Imaginez la renonciation comme l'abandon de l'habitude de pensée qui consiste à se convaincre qu'*on doit absolument avoir ceci ou cela sans quoi on ne pourra jamais être heureux.*

Chapitre 5

La compassion

Dans la langue courante, le mot «compassion» veut dire différentes choses : éprouver une certaine peine devant les malheurs d'une autre personne ; sentir de l'empathie – et pouvoir se mettre à la place de l'autre ; éprouver le désir d'offrir de l'aide à des personnes qu'on ne connaît pas, des cancéreux ou des sans-abri, par exemple ; chercher à influencer une personne dans son intérêt à elle, comme la décourager de boire ; ou pouvoir pardonner l'impardonnable, comme lorsque la famille d'une victime réclame la clémence pour un meurtrier.

Je ne prête pas nécessairement l'une de ces significations au mot «compassion» lorsque je l'utilise dans le présent ouvrage.

Lorsque je parle de compassion, je fais référence à un ensemble d'habitudes de pensée, de comportement et d'expression qui tournent autour du thème de la compassion. Par conséquent, la compassion est pour moi une chose complexe qui ne peut faire l'objet d'une brève définition. Je commencerai d'abord par expliquer ce que j'entends par compassion d'un point de vue cognitif, avant de tenter d'en donner une définition plus directe à la fin du chapitre.

Aux pages 16 à 18, Monica a découvert que son habitude de se trouver stupide était incompatible avec le bonheur et la productivité. De même, vous pouvez identifier des habitudes de pensée courantes qui ne sont pas compatibles avec la pratique de la compassion. Comme il s'agit d'un sujet très vaste, il est difficile d'identifier toutes les formes de pensée dénuées de compassion, mais il est possible de dégager certains grands thèmes et de donner quelques exemples représentatifs.

Lisez les phrases qui suivent en vous demandant le nombre de pensées de ce genre que vous avez chaque mois, par exemple « jamais », « une ou deux fois », « souvent », etc. Au cours des jours suivants notez dans votre cahier les commentaires de ce type que vous faites réellement à d'autres personnes :

- Elle ne mérite pas toutes les choses merveilleuses qui lui arrivent ;
- Il mérite de souffrir ;
- Une personne aussi stupide mérite ce qui lui arrive ;
- Sa vie est un gâchis. Elle n'est pas digne de l'air qu'elle respire ;
- C'est un raté et ce sera toujours un raté ;
- Que peut-on faire avec pareil imbécile/malade/idiot ?
- Je me fiche qu'elle vive ou qu'elle crève !
- Elle n'a qu'elle-même à blâmer ;
- Il n'a pas le droit d'être aussi stupide (ou égoïste, entêté, déraisonnable, etc.) ;
- Elle n'a pas le droit de me déranger de cette façon ;
- Son arrogance me fait horreur, comme s'il savait toujours tout ;
- J'ai horreur de sa condescendance. Un jour, elle saura ce que je pense réellement d'elle ;
- Il devrait faire un effort pour être plus raisonnable. Il n'est pas étonnant qu'il ait tant d'ennemis ;
- Il aime contaminer son propre nid ;
- Il aime se faire haïr ;
- Il ne se sent à l'aise que lorsqu'il a mis tout le monde mal à l'aise.

Les pensées les plus dénuées de compassion tombent dans une ou plusieurs des catégories suivantes :

- Souhaiter de la peine ou des malheurs à une autre personne ;

- Condamner une autre personne pour tout;
- Vouloir « renforcer » les conséquences naturelles découlant du piètre jugement d'une autre personne;
- Nourrir délibérément de la haine ou du mépris envers une autre personne;
- Déclarer une autre personne « indigne » de quelque situation heureuse;
- Planifier une revanche;
- Encourager les autres à penser, à parler ou à agir d'une manière dépourvue de compassion;
- Espérer ou compter humilier quelqu'un ou lui faire du tort;
- Exagérer délibérément les défauts d'une personne tout en omettant de tenir compte de ses qualités;
- Attribuer les divergences d'opinion d'une autre personne à sa stupidité, à son ignorance ou à son état de santé mentale;
- Avoir du mal à admettre qu'une autre personne puisse avoir raison et qu'on puisse avoir tort;
- Prendre plaisir aux peines et aux malheurs des autres.

Tout comme Monica a commencé à remettre en question son habitude de se dire qu'elle était stupide, vous pouvez vous interroger sur votre habitude de croire qu'il est nécessaire, utile ou même convenable de penser de la sorte. Si les pensées dénuées de compassion font du tort aux autres, elles vous en font aussi – en manquant de compassion, vous rendez le monde plus laid, plus futile, plus solitaire et plus chaotique qu'il ne vous semblerait autrement. En outre, cette manière de penser se reflétera souvent dans vos propos et dans une façon d'être antipathique; vous découragerez la sympathie que vous pourriez inspirer aux autres. Si vous dénigrez les autres, même en privé, vos amis se demanderont quand vous direz des choses semblables à leur sujet. Si vous n'avez pas de compassion, vous éprouverez du ressentiment chaque fois que vous devrez aider une personne à qui vous devez une faveur, et vous en éprouverez encore plus si vous devez donner un coup de main à quelqu'un que vous ne connaissez pas et à qui vous ne devez rien. En fin de compte, votre absence de compassion fera naître en vous des sentiments d'envie et vous éprouverez du ressentiment envers les personnes dont la vie est en apparence plus heureuse que la vôtre.

Sur le plan social, votre absence de compassion rendra toujours l'atmosphère légèrement malsaine. En donnant le mauvais exemple, vous encouragez les autres à penser de la même façon. On ne sait jamais ; peut-être aurez-vous un jour un conflit avec une personne qui a égalé votre manque de compassion. Vous pourriez le regretter.

Vous faites du tort aux personnes qui vous tiennent le plus à cœur lorsque vous pensez, parlez et agissez sans la moindre compassion, car cette habitude vous amènera parfois à les dépeindre avec beaucoup de dureté. Sans même que vous vous en doutiez, ces êtres chers vous percevront comme quelqu'un de dur qui ne comprend rien à rien.

Enfin, en manquant de compassion, vous nuisez aux générations présentes et futures dans le monde entier. Le manque de compassion est contagieux, tout comme l'est la compassion. Le manque de compassion a beaucoup marqué le monde et on peut en constater les sinistres résultats dans n'importe quel livre d'histoire. Est-ce là le milieu de vie que vous voulez laisser en héritage à vos arrière-petits-enfants ?

La compassion est-elle sensée ?

Des personnes autrement réceptives au concept de la compassion se demandent souvent quelle sorte de monde on aurait si on devait pardonner à tous les assassins, violeurs, bandits et conducteurs négligents au lieu de les tenir responsables de leurs actes. Une telle question dénote une compréhension imparfaite de la compassion.

La compassion ne nous oblige pas à faire confiance à des personnes qui n'en sont pas dignes ; à donner de l'argent aux ivrognes pour qu'ils le dépensent à s'autodétruire ; à fermer les yeux sur le mal ; à permettre à des gens méchants de faire du tort à des innocents ; à renoncer à nous affirmer ; ou à protéger des personnes insouciantes contre les conséquences de leurs gestes. La compassion dont je parle est différente de la compassion qu'un parent éprouve pour son enfant. Les parents refusent parfois de reconnaître le mal que leur enfant a fait ou ils essaient de le protéger contre les conséquences naturelles de ses erreurs. Ce genre d'attitude protectrice de la part des parents est naturel et compréhensible, mais ce n'est pas le modèle du principe de la compassion tel que j'en recommande la pratique.

La compassion que je veux enseigner se traduit par une série d'habitudes de pensée. Ces habitudes de pensée génèrent des expériences intérieures intimes empreintes de compassion. En fait, la compassion est surtout bénéfique à la personne qui la pratique. Si vous privilégiez la compassion, les sentiments de haine, de ressentiment ou de colère que vous éprouvez deviendront de moins en moins fréquents et de moins en moins intenses. De ce point de vue, il est très sensé de faire preuve de compassion.

En outre, si vous ressentez souvent de la haine, du ressentiment ou quelque autre sentiment semblable, vous réduisez inévitablement votre qualité de vie et celle des personnes autour de vous, c'est-à-dire les personnes que vous aimez. Vous serez désagréable à votre entourage si vous vous enragez constamment contre les conducteurs imbéciles, les criminels du ministère du Revenu, l'entraîneur incompétent de votre équipe préférée ou quelque autre objet de vos fréquentes calomnies. Si la compassion dont vous faites preuve améliore la qualité de vie des gens autour de vous, elle a déjà un sens.

Les personnes qui doutent des bienfaits de la compassion s'imaginent que si celle-ci était très répandue chez les gens, on ne punirait plus les criminels, on ne condamnerait plus les mauvaises manières et on ne disciplinerait plus les travailleurs paresseux. Pourtant, si vous relisez attentivement ce que dit le présent

chapitre sur la compassion et si vous revoyez le chapitre d'intro-
duction, vous n'y trouverez rien qui puisse vous décourager de
punir les criminels. Vous constaterez au contraire qu'on vous
décourage de haïr les criminels, de vous penser supérieur aux gens
qui manquent de manières ou de souhaiter malheur aux travailleurs paresseux. Les policiers et les juges qui détestent les
criminels ne remplissent pas leurs fonctions plus efficacement;
ils peuvent même être moins efficaces parce qu'ils se laissent
mener par la colère et la haine. Les dirigeants n'ont pas besoin
de haïr les travailleurs qui relèvent d'eux pour bien les superviser.
Au contraire, si un employé peu motivé est traité avec mépris par
son superviseur, il y a de fortes chances qu'il fasse encore moins
de travail. Les électeurs n'ont pas besoin d'être furieux pour évincer un politicien malhonnête de son poste. En fait, les électeurs
en colère approuvent parfois des lois peu sages.

Des lois et des règlements stricts, des punitions justes, des
incitatifs encourageant un comportement acceptable et de bonnes
manières – tous ces éléments sont socialement nécessaires. La
haine ou le mépris à grande échelle ne le sont pas. Le plus souvent, ces deux sentiments sont socialement dommageables.

Des habitudes de pensée
empreintes de compassion

J'ai décrit des habitudes de pensée qui sont contraires à la compassion. Logiquement, les deux étapes subséquentes consistent à
les contester et à formuler des pensées empreintes de compassion
qui deviendront des habitudes. Tout au long des prochains chapitres, j'élaborerai sur les principes généraux à utiliser pour
cultiver des pensées empreintes de compassion dans diverses
situations. Voici un exemple assez représentatif.

Imaginez un adolescent de 14 ans d'un milieu extrêmement
défavorisé. Il a menacé de donner une raclée à votre fils et bar-
bouillé votre clôture de graffitis. Dans la première colonne du

tableau suivant, je donne des exemples de pensées dénuées de compassion que vous pourriez avoir à son sujet. Dans la colonne suivante, je conteste chacune de ces pensées et, dans la troisième colonne, je suggère une pensée plus généreuse pour remplacer chacune d'elles.

Pensée dénuée de compassion	Contestation	Pensée empreinte de compassion
J'aimerais botter le derrière de ce délinquant jusqu'à ce qu'il m'implore d'arrêter.	Cela ne servirait probablement à rien. Je pourrais me faire arrêter. Je ne le ferais pas de toute façon. La haine ne sert qu'à me faire du tort.	Je dois trouver une façon de prévenir ces problèmes à l'avenir.
Il n'a pas le droit de se conduire de la sorte. Pour qui se prend-il?	Pourquoi est-ce que je perds mon temps à penser de la sorte? Il est qui il est. Les droits n'ont pas grand-chose à voir là-dedans.	Ma colère me stimulera à prendre des mesures pour résoudre le problème.
Il devrait être derrière les barreaux!	Je ne suis pas certain que cela rendrait le quartier plus sûr et ce ne serait peut-être pas une punition juste.	Je trouverai un moyen de le confronter et de lui faire voir le mal qu'il a fait. Si cela est impossible, j'envisagerai d'autres possibilités.
C'est un autre paumé qui ne vaut rien.	C'est un enfant qui vit dans la pauvreté. Il manque peut-être de surveillance. Sa famille a sans doute de nombreux problèmes.	C'est un être humain qui m'a mis hors de moi. C'est tout ce que je sais sur lui. Si je le veux, je peux apprendre à mieux le connaître.

Vous remarquerez que les pensées plus empreintes de compassion ne sont pas naïves et qu'elles ne privent pas la personne de ses moyens. Elles ne contredisent pas non plus des sentiments de colère normaux et spontanés. Au contraire, elles reconnaissent les sentiments de colère, mais les réorientent dans des directions plus constructives.

On peut interpréter de manière semblable le conseil que le Christ nous donne dans l'Évangile selon saint Matthieu. « Si quelqu'un te frappe sur la joue droite, présente-lui l'autre joue. » Bien que l'histoire ne dise pas si le Christ a été frappé, cela a pu lui arriver à un moment ou un autre de sa vie.

D'après ses enseignements, nous pouvons supposer comment il aurait rempli le tableau ci-après sur la compassion.

Pensée dénuée de compassion	Contestation	Pensée empreinte de compassion
Cet homme m'a insulté et a dénigré mes enseignements. Cela ne doit pas être toléré.	Aux yeux de ceux qui comprennent mon travail, cet homme n'a insulté et dénigré que lui-même.	Cet homme pourrait apprendre une précieuse leçon si je ne le frappe pas à mon tour.
Mes sympathisants ne me respecteront pas si je n'exige pas que les autres me respectent.	Ma mission est d'enseigner la compassion aux autres. Je dois prêcher par l'exemple et espérer que tout aille pour le mieux.	Certains de mes sympathisants pourraient respecter une contre-attaque musclée et masculine, mais ils admireront davantage le calme et la maîtrise de soi.
Si je ne lui rends pas son coup, il pourra me frapper de nouveau et même me blesser.	Il ne semble pas vouloir me blesser ou me tuer. Il semble vouloir m'humilier.	S'il essaie de me blesser gravement, j'envisagerai quelles sont mes options.
Cet homme doit être puni pour cette agression illégale et grossière.	Les punitions peuvent prendre diverses formes. Si cet homme demeure fier et arrogant, il souffrira énormément.	Je laisserai les conséquences naturelles être sa punition. En outre, je crois qu'il veut devenir meilleur. Peut-être puis-je lui enseigner à le devenir.

Ici encore, vous remarquerez que l'hypothétique dialogue intérieur du Christ n'est pas naïf. Il n'est pas autodestructeur non plus. Cependant, il est facile d'imaginer d'autres circonstances dans lesquelles le Christ aurait pu réfléchir et agir de manière assez différente. Malheureusement, ce récit biblique a été déformé au fil du temps et il en est venu à signifier à notre époque rien de plus que nous devrions tolérer toute attaque avec un sourire aimant, peu importent les circonstances. Cette fausse interprétation est dommageable de deux façons: elle ridiculise la compassion et elle en fait un modèle presque impossible à suivre, c'est-à-dire bien au-delà de la portée de la moyenne des gens.

Essayez de faire cet exercice vous-même. Dans votre cahier, tracez un tableau et divisez-le en trois colonnes, comme ci-dessus. Choisissez une personne particulière et un incident précis. Cet exercice sera plus facile à faire si vous optez pour une personne que vous n'aimez pas ; il sera plus difficile si vous choisissez quelqu'un qui ne vous aime pas. Commencez par des personnes et des incidents ordinaires qui ont fait naître en vous une colère ou une peur profonde. (Je vous recommande de vous exercer avec quelques exemples faciles avant de choisir Adolf Hitler ou Napoléon Bonaparte.)

Une définition de la compassion

Jusqu'ici, j'ai fourni des exemples de ce que la compassion est et de ce qu'elle n'est pas. Je vous donnerai maintenant la définition plus précise de la compassion que je vous ai promise plus tôt. Elle ne sera pas brève.

La compassion est une habitude de pensée qui se cultive délibérément et qui s'exerce systématiquement – de préférence la vie durant. Ce n'est pas une destination, mais bien une façon de voyager. La compassion exige souvent un effort mental. Or, cet exercice mental nous rend plus forts psychologiquement et spirituellement. Il arrive que la compassion atténue la colère, mais ce n'est pas toujours le cas. La compassion inspire parfois de la sympathie pour les autres, mais pas tout le temps. La compassion entraîne généralement une approche douce, patiente et non violente à divers problèmes et conflits, mais pas toujours. Il n'y a rien dans le principe de la compassion qui empêche une personne de faire du tort à quelqu'un pour se protéger ou pour protéger un innocent, si cela est la meilleure option. Il n'y a rien dans le principe de la compassion qui empêche des lois justes d'être appliquées de manière juste. En fait, la compassion exige que des lois justes soient appliquées. (Autrement, tout le monde en souffre.) La compassion confère une plus grande importance à la bonté, à la patience, au bon exemple et à la reconnaissance des qualités que peuvent posséder les personnes qui nous causent des problèmes. Le plus souvent, la compassion s'exerce à l'égard d'une personne particulière et non des gens en général.

Les sentiments de compassion découragent généralement la revanche et les représailles, mais pas dans tous les cas. Si la situation s'y prête, la compassion permet aux conséquences naturelles de suivre leur cours lorsqu'une personne se conduit mal. La compassion reconnaît que la colère est une émotion naturelle et spontanée qui fait du bien comme du tort. On doit reconnaître la colère et respecter cette émotion lorsqu'elle se manifeste. Il ne faut pas la réprimer violemment. Très souvent, il est impossible de réprimer ses sentiments de colère, mais la pratique de la compassion aide souvent à la soulager d'une manière naturelle et saine. En outre, la colère n'a pas besoin de s'exprimer par des paroles ou des gestes ; il est parfois préférable de la contenir et d'attendre patiemment que le temps fasse son œuvre. La compassion amoindrit l'importance des droits abstraits et met plutôt l'accent sur les rapports empreints de compassion. Lorsque deux personnes se disputent, elles ont toutes les deux des droits et elles ont souvent l'impression que leurs droits ont été violés. Cette façon de ne penser qu'à ses droits peut faire plus de tort que de bien. La compassion reconnaît l'importance des droits fondamentaux des gens, mais elle ne précise pas ce qu'ils sont. La compassion n'est pas une forme d'abaissement de soi-même. L'affirmation de soi peut toujours être empreinte de compassion et elle est généralement plus efficace lorsque c'est le cas. En fin de compte, le principe de la compassion découle d'une profonde compréhension de ce qui suit :

- Il n'y a personne dont les désirs soient plus importants ou moins importants que ceux de quiconque ;
- Peu de gens se conduisent mal sciemment ;
- Tout le monde commet des erreurs de jugement. Il arrive à tout le monde de s'exprimer ou d'agir sous le coup de la colère ;

- Personne n'a demandé d'être stupide. Personne n'a demandé de souffrir de maladie mentale ou d'alcoolisme. Personne n'a demandé de naître avec ses qualités et ses défauts ;
- Tout le monde veut à peu près les mêmes choses (richesse, reconnaissance et amour) pour à peu près les mêmes raisons. Aucune personne n'a jamais l'impression d'avoir reçu tout ce dont elle avait besoin ou tout ce qu'elle désirait. On a tous peur de perdre les bonnes choses que l'on a.

Chapitre 6

L'attention

Je prête au mot « attention » à peu près la même signification que les bouddhistes donnent au mot « conscience ». Il signifie aussi pour moi ce que les chrétiens et les juifs appellent la « révérence » ou l'« humilité ». Je n'ai pas utilisé ces termes parce qu'ils ont des connotations culturelles et religieuses que je voulais éviter.

J'ai commencé le chapitre précédent en expliquant que la compassion signifie en pratique plusieurs choses différentes. En revanche, des mots comme « attention », « conscience », « révérence » et « humilité » sont tellement peu utilisés que personne ne pense beaucoup à ce qu'ils veulent dire. On peut demander à un enfant d'être attentif ou on peut se reprocher son inattention au travail ou au volant, mais ces usages ont peu sinon rien à voir avec la signification que je prête au mot « attention ».

Comme dans le cas de la compassion, il vaut mieux considérer l'attention comme une habitude de pensée. Voici quelques exemples d'habitudes de pensée qui contredisent le principe de l'attention. Lisez ces énoncés suivants en vous demandant si vous faites de tels jugements de valeur arbitraires et, si oui, à quelle fréquence : une ou deux fois par mois ? quelques fois par semaine ? quotidiennement ?

- Je n'aime pas le temps qu'il fait. J'aimerais qu'il fasse plus chaud (plus froid, plus sec, plus humide, etc.).

- Comment une personne saine peut-elle avoir l'idée de peindre une maison d'un aussi abominable orange ?
- Si seulement j'étais plus grand (plus mince, plus jeune, plus vieux, etc.).
- Les jonquilles sont jolies, mais je préfère les roses.
- J'aimerais que nous ayons des amis riches et cultivés au lieu de tous tes ratés de camarades d'école et leurs femmes sans éducation.
- Quel joli coucher de soleil ! Tout serait merveilleux s'il n'y avait pas les moustiques.
- Pourquoi ruiner l'ambiance de ce bel aéroport moderne en diffusant de la musique nouvel âge ?
- Peux-tu croire qu'elle est témoin de Jéhovah (athée, catholique, baptiste, etc.) ?
- J'aimais bien Michael Jacques mais je préfère Prince.
- Elle serait tellement jolie si elle se faisait refaire le nez.

Dans la majorité des cas, les énoncés ci-dessus démontrent ce qui suit :
- L'habitude de se plaindre ou d'éprouver du ressentiment lorsque les choses sont peu susceptibles de changer ;
- L'habitude de se rendre misérable en exagérant les éléments indésirables dans son environnement ;
- L'habitude de cultiver un agréable sentiment de supériorité par rapport aux personnes et aux choses autour de soi ;
- L'habitude d'insister pour que le monde s'adapte à ses goûts et à ses désirs (le sentiment d'y avoir droit) ;
- L'habitude d'agir comme juge autodésigné de son entourage, comme si on jugeait un concours d'arts plastiques ou de beauté ;
- L'habitude de faire des comparaisons superflues – si l'on se trouve devant des jonquilles et qu'il n'y a pas de roses autour, on n'a pas besoin de se dire que les roses sont de plus belles fleurs.

Remettre en question les habitudes de pensée non attentives

Les habitudes de pensée non attentives découlent d'une relation adverse avec le moment présent. Les pensées non attentives sous-entendent essentiellement ceci : « *J'aimerais mieux être ailleurs, en train de faire autre chose.* » Cet ailleurs peut être dans le passé ou dans le futur. Nous nous disons tous des choses semblables de temps en temps, mais le faire volontairement et à répétition dénote un certain mépris du présent. C'est justement ici que le rapport à des termes comme « révérence » et « humilité » entre en jeu. On ne peut être respectueux et humble tout en étant méprisant.

La conséquence d'habitudes de pensée non attentives est évidente : le monde nous paraît triste et décevant. Très souvent, nous avons l'impression que le monde entier semble faire obstacle à ce que nous voudrions devenir ou aux choses que nous voudrions faire. Les autres semblent exister principalement pour nous offenser ou nous mettre des bâtons dans les roues. Dans un tel état d'esprit, nous aimer ou aimer quelqu'un d'autre apparaît parfois très difficile. Nous sentir simplement heureux d'être en vie prend des allures de plaisanterie. En comparaison, le passé et l'avenir nous apparaissent parfaits, mais tellement hors de portée que nous en sommes terriblement frustrés. Les pensées non attentives sont en outre profondément pessimistes : « *Il ne se passe rien de bon ici et les choses ne semblent pas vouloir s'améliorer de sitôt. Le monde est un endroit bien misérable et seule la mort peut nous permettre d'y échapper.* »

L'absence de joie et l'angoisse sont les conséquences les plus graves des habitudes de pensée non attentives. En voici un exemple. Disons que vous vous souvenez de la façon adorable dont votre petit garçon s'amusait lorsqu'il était bébé et que vous pouvez imaginer avec joie tout le bonheur que vous ressentirez lorsqu'il recevra le prix Nobel. Ces rêves éveillés peuvent vous procurer une brève étincelle de joie, mais ils ne sont rien en comparaison au fait que vous vous trouvez ici et maintenant, chez vous, avec votre fils qui est adolescent. Vous pouvez le serrer dans vos bras,

le sentir et écouter sa voix qui est beaucoup plus claire et péné-
trante que la voix des souvenirs. Vous ne savez pas ce qu'il va
dire tant qu'il ne l'a pas dit. Si vous souriez, peut-être vous
sourira-t-il aussi !

Broyer du noir

Broyer du noir, c'est-à-dire vivre dans le passé en éprouvant du
ressentiment ou des regrets, est une habitude de pensée qui
contredit l'attention. L'habitude de broyer du noir est un obstacle
majeur au bonheur de nombreuses personnes. Un lecteur du
nom de François a examiné les choses qui l'amenaient à broyer
du noir avant de les remettre en question.

Choses passées qui me font broyer du noir	Pourquoi il est superflu de broyer du noir
Le jour où un fauteur de troubles de l'école m'a intimidé avant de me donner une raclée devant Joanne, qui m'a par la suite laissé tomber pour sortir avec lui.	J'ai déjà tiré ma leçon de cette expérience. Je ne gagne rien à continuer à y penser. C'est arrivé et c'est une chose du passé.
Mon père aurait pu se montrer beaucoup plus sensible et patient.	Je comprends déjà tout cela aussi bien qu'il est possible de le comprendre.
Je me suis fait voler le lecteur de CD dans ma voiture le mois passé.	Je prends maintenant toutes les précautions qui s'imposent. Je ne pense pas me faire voler de nouveau. Si jamais cela arrive, je saurai y faire face.
Ma femme a rencontré un autre homme au déjeuner et elle a essayé de me le cacher.	J'ai cette idée idiote que si je repense à tout cela assez souvent, je finirai bien par comprendre ce qui s'est passé et pourquoi. Même si j'avais une machine à remonter dans le temps, cela serait impossible. En outre, broyer du noir est une bien piètre façon de voyager dans le temps.
Un jour, j'ai fait une remarque vraiment inutile et grossière pendant une réunion du conseil. Je voulais faire de l'humour, mais j'ai manqué mon coup. Il y a des fois où je voudrais m'arracher la langue.	Je m'imagine que jamais personne d'autre ne commet ce genre d'erreur. C'est idiot. Je vois des gens dire des bêtises tout le temps. Je fais plus attention maintenant. C'est tout ce que j'ai besoin de savoir.

S'inquiéter

Si broyer du noir consiste à vivre dans le ressentiment ou le regret du passé, s'inquiéter consiste à vivre dans la peur de l'avenir. L'inquiétude est une autre habitude de pensée qui est contraire à l'attention et incompatible avec une bonne qualité de vie. François a aussi examiné les choses dont il s'inquiétait avant de les remettre en question.

Événements futurs dont je m'inquiète ou dont je rêve inutilement	Pourquoi cela est inutile
Je m'inquiète du fait que je ne serai peut-être jamais en mesure de prendre ma retraite.	Je fais de mon mieux pour gagner ma vie et mettre de l'argent de côté. C'est tout ce que je peux faire.
Je rêve de posséder un ordinateur beaucoup plus puissant.	Je me suis déjà acheté un ordinateur plus puissant et je ne suis pas plus heureux. J'ai passé des heures à apprendre à m'en servir et j'ai perdu tout ce temps à m'adonner à des activités tout à fait insatisfaisantes.
Je me demande si mon fils ne sera pas homosexuel.	Je n'y peux rien. Je ne l'en aimerai pas moins qu'il soit gay ou non.
Je me demande si mon poste ne deviendra pas désuet.	J'ai déjà une longue liste de choses que je peux faire pour améliorer ma situation. J'en fais quelques-unes et j'attends de voir ce qui va se passer. Je m'en tire très bien.

L'attention est-elle sensée?

On me demande souvent si le progrès social et la croissance personnelle seraient totalement paralysés si tout le monde pratiquait l'attention comme je l'ai décrite ici. Je réponds non pour la raison suivante: l'attention n'écarte pas *tous* les jugements de valeur, seulement les jugements de valeur *superflus*. Quelle est la différence? Si une personne que vous aimez vous offre un bouquet de jonquilles, il est inutile de penser, même en votre for intérieur: *« C'est gentil, mais j'aurais préféré des roses! »*

À votre tour d'écrire dans votre cahier vos sujets d'inquiétude préférés. Pour vous faciliter les choses, faites un tableau comme celui de la page 64. Dans la colonne de gauche, énumérez les sujets qui vous amènent à broyer du noir ; dans celle de droite, écrivez au moins en argument pour contester chacun d'eux.

Imaginez maintenant que vous allez acheter des fleurs à planter dans votre jardin. La dame à la pépinière vous dit : *« Les jonquilles sont en rabais aujourd'hui. »* Vous pouvez lui répondre : *« Merci, mais je préfère les roses. »* Cela ne contredit pas le principe de l'attention, car il s'agit d'une situation sur laquelle vous avez le contrôle. Pratiquer l'attention ne signifie pas renoncer à tous les jugements de valeur. Cela serait impossible de toute façon. Il est humain de porter des jugements de valeur. Privilégier l'attention signifie renoncer à essayer d'imposer sa volonté au monde entier.

De même, si vous habitez au-dessus d'un bar bruyant, vous avez trois options. Vous pouvez développer une certaine sérénité qui vous fera oublier le bruit. Vous pouvez vous enrager et jurer, ce qui est parfaitement inutile. Ou vous pouvez déménager. Supposons que vous n'ayez pas les moyens de déménager. L'attention ne vous empêche pas de projeter de déménager ou de gagner plus d'argent pour pouvoir déménager plus tôt. À ce moment-là, cependant, vous n'avez plus que deux options : vous plaindre inutilement ou cultiver la sérénité pour composer avec ce qui vous dérange. Le choix n'est-il pas évident ?

La méditation et l'attention

Il arrive parfois que la meilleure chose que vous puissiez faire de votre esprit soit *de ne pas l'utiliser du tout*. Au début, cette affirmation peut vous paraître absurde. Comment peut-on ne pas se servir de son esprit ? Bien entendu, notre cerveau n'arrête jamais de fonctionner. Par « ne pas utiliser votre esprit » je veux dire brouiller ce qui retient votre attention et résister à la tentation de résoudre quelque problème, de broyer du noir ou de vous inquiéter. C'est là l'essence même de toutes les techniques de méditation. Ce n'est d'ailleurs pas une coïncidence si c'est aussi une façon de pratiquer l'attention. En un sens, la méditation est la pratique ultime de l'attention ou de la conscience. Pour comprendre la méditation, dites-vous que c'est comme conclure un contrat avec vous-même : pendant une certaine période, peut-être 20 minutes, une heure ou la durée d'une retraite, vous éviterez de porter le moindre jugement de valeur sur la réalité intérieure ou extérieure, vous ne vous concentrerez que sur le présent et vous éviterez de tenter de résoudre tout problème ou d'accomplir toute tâche autre que les tâches simples de la vie quotidienne. Il est insensé de vivre de cette façon tout le temps, mais vivre très intensément pendant de brèves périodes soigneusement planifiées constitue une merveilleuse leçon d'attention.

Réservez-vous 15 minutes pour faire l'exercice qui suit. Si cela est possible, utilisez un chronomètre pour éviter de regarder l'heure. Débranchez le téléphone et verrouillez la porte.

- Prenez conscience du volume et de la sensation au toucher du livre que vous avez dans les mains.
- Prenez conscience de la pression de la chaise (ou autre) sous votre corps.
- Prenez conscience de tous les sons autour de vous, y compris les sons faibles ou ceux qui semblent « sans importance ». Ne les jugez pas comme étant désirables ou indésirables.
- Prenez conscience de l'odeur de la pièce, sans la juger. (Chaque pièce a sa propre odeur caractéristique.)
- Jetez un coup d'œil autour de vous. Remarquez ce que vous voyez sans passer de jugement.
- Prenez conscience du rythme de votre respiration. Prenez ensuite conscience des battements de votre cœur et des sensations dans votre système digestif. (Celles-ci sont à peines perceptibles.)

- Prenez conscience des diverses sensations dans les différentes parties de votre corps. Ne vous demandez pas si elles sont agréables ou désagréables. Elles sont ce qu'elles sont.
- Prenez conscience du rythme de vos pensées et de l'humeur dont elles sont empreintes. Ne cherchez pas à les changer. N'essayez pas non plus de ne pas les changer.
- Si vous vous sentez agité au début, prenez conscience de votre état d'agitation. N'essayez pas de le changer.
- Ne faites rien d'autre que concentrer votre attention sur le moment présent jusqu'à ce que les 15 minutes soient écoulées.
- Si vous sentez votre attention se déplacer dans le passé ou le présent ou vers quelque problème à résoudre, ramenez doucement votre esprit au moment présent, sans vous faire de reproches. Reprenez les instructions qui précèdent au besoin.

Que s'est-il passé? Peu importe. Notez-le dans votre cahier pour pouvoir vous y reporter plus tard.

Cet exercice est intéressant parce que vous pouvez le faire de nombreuses fois et obtenir des résultats différents chaque fois.

Des habitudes de pensée attentives

Vous avez identifié quelques habitudes de pensée qui sont incompatibles avec l'attention et examiné certains des avantages de vivre en privilégiant davantage l'attention. Vous devez maintenant apprendre à contester les habitudes de pensée non attentives et à adopter de nouvelles habitudes de pensée qui s'harmonisent mieux avec le principe de l'attention. Vous pouvez essayer de rendre ces pensées habituelles, en vous concentrant plus particulièrement sur les situations qui représentent des défis à relever.

J'ai noté dans la colonne de gauche du tableau qui suit quelques pensées non attentives typiques. Dans la colonne du centre, je les ai contestées, puis je les ai remplacées dans la colonne de droite par des pensées empreintes d'attention qui s'appliquent à la même situation.

Quand on pratique l'attention, on vit comme si le moment présent était un don du ciel. Lorsqu'on vit attentivement, le chant d'un oiseau peut être aussi important qu'une symphonie et une conversation avec un commis ou un éboueur peut compter autant qu'une conversation avec le dirigeant du pays. Lorsqu'on privilégie l'attention, tous nos faits et gestes sont importants et dignes de respect. Les sentiments de dégoût ou de désespoir que l'on ressent deviennent moins fréquents parce qu'on ne gâche plus des situations neutres ou potentiellement agreables en cédant à des habitudes de pensée faites de laideur et d'impuissance.

Pensée non attentive	Contestation	Pensée empreinte d'attention
Je voudrais bien que cette partie de Monopoly finisse pour que je puisse enfin lire le journal.	Si j'étais au bureau après les heures de travail, je ne penserais pas au journal. Je serais désolé de ne pas pouvoir jouer avec mon enfant avant qu'il n'aille se coucher.	Je vais me détendre et prendre une grande respiration. Je vais me concentrer sur le plaisir d'être avec mon enfant au lieu de laisser le jeu m'ennuyer.
Dieu du ciel! Le voisin a repeint sa maison d'un horrible orange fluo. Ça me rend malade!	Je ne peux rien y faire. Il ne la repeindra pas pour me faire plaisir. Je vais probablement m'y habituer.	C'est justement ce qui rend la vie intéressante. On ne sait jamais ce qui nous attend!
S'il faut que je regarde une autre publicité de bière pendant l'arrêt du jeu, je pense que je vais me flinguer pour en finir une fois pour toutes.	S'il n'y avait pas de publicités, il n'y aurait pas de télé payante ni de chaînes de sports. J'ai le choix de ne pas regarder les publicités si je ne veux pas les voir.	Je pourrais sortir les graines pour les oiseaux et les nourrir pendant les publicités. J'entendrai le match recommencer.
Je ne peux pas supporter ces jeunes mal élevés avec leurs engins puissants qui hurlent de la musique cacophonique.	À moins que je ne sois prêt à les assassiner tous et à en payer le prix, je ferais mieux de les considérer comme un phénomène de la nature, comme l'herbe à poux. Je ne suis pas obligé de les aimer, mais je ne peux rien y changer.	Je pourrais essayer de mieux connaître ces jeunes. Ils n'ont pas l'air très dangereux. Peut-être pourraient-ils m'expliquer les paroles des chansons et pourquoi ils aiment cette musique. Cela me mettrait peut-être plus à l'aise.

En fin de compte, le principe de l'attention découle d'une profonde compréhension de ce qui suit:

- Ce ne sont pas les événements qui nous dérangent, mais le point de vue duquel nous les envisageons.
- Pour la plupart des gens, la vie est ce qui se passe lorsqu'ils sont en train de faire… d'autres projets.
- Tous les flocons de neige tombent au bon endroit.
- La beauté et la bonté sont partout, si seulement on est préparé à les voir.
- Lorsqu'on s'attend à trouver laideur et désespoir partout, c'est exactement ce qu'on trouve.
- Où qu'on aille, c'est là qu'on sera! Rêver d'être ailleurs ne peut faire que du tort.
- La vie est pleine de conséquences imprévues; de petits gestes apparemment sans importance produisent souvent des résultats importants au moment où on s'y attend le moins. La meilleure stratégie est donc de tout faire avec révérence et intérêt.

Refaites ce processus dans votre cahier à l'aide d'un tableau comme celui de la page 69. Dans la colonne de gauche, inscrivez quelques-unes de vos pensées dénuées d'attention. Au centre, contestez-les du mieux que vous le pouvez. Dans la colonne de droite, notez d'autres habitudes de pensée en harmonie avec le principe de l'attention que vous aimeriez cultiver.

Chapitre 7

La gratitude

Comme la compassion et l'attention, la gratitude représente une habitude de pensée ; celle d'éviter les pensées dénuées de gratitude et plus particulièrement les pensées teintées de ressentiment ou d'obstination. Pourquoi choisir la gratitude ? La raison la plus importante et la plus évidente est que la gratitude est agréable ; elle intensifie notre joie de vivre. Les personnes pleines de gratitude sont plus populaires, plus enthousiastes et peut-être même plus créatives. Pourquoi rejeter le ressentiment ? Parce que le ressentiment ne procure aucun plaisir. Non seulement les personnes qui éprouvent du ressentiment sont-elles moins populaires, mais ce sentiment bouffe leur énergie, leur enthousiasme et leur créativité.

Le jeu de la gratitude

Dans votre cahier, notez brièvement votre humeur telle qu'elle est dans le moment.

Maintenant, peu importe où vous vous trouvez, regardez autour de vous et repérez plus ou moins au hasard quatre ou cinq choses ou situations. Dressez-en une liste. Prenez-les une par une et interrogez-vous sur les raisons pour lesquelles chacune peut vous inspirer de la gratitude d'une façon quelconque. Voici un exemple.

Chose ou situation	Raisons d'en éprouver de la gratitude
Une horloge.	Elle est silencieuse, fiable, exacte, peu coûteuse et assez jolie. Elle est commode et simplifie la vie. Il y a 300 ans, seuls les gens riches possédaient une horloge.
Un arbre que je vois par la fenêtre.	Chaque arbre possède sa propre beauté. Il procure de l'ombre lorsqu'il fait chaud. C'est une estrade pour les oiseaux. Il fabrique de l'oxygène. Il donne des fleurs magnifiques au printemps.
Une pièce bien chauffée.	Dehors, il fait froid et il pleut. Je survivrais si j'étais à l'extérieur, mais je n'y prendrais aucun plaisir et je ne ferais rien d'autre que survivre. Normalement, je tiens une pièce bien chauffée pour acquis, mais qu'il est agréable d'en apprécier le luxe et d'en profiter.
Un annuaire téléphonique.	Il est gratuit. Quelle chance j'ai de pouvoir joindre autant de gens aussi facilement ! Si j'ai besoin d'un produit ou d'un service, le trouver ne demande presque aucun effort.

Maintenant, décrivez brièvement votre humeur dans le moment. Si vous êtes comme la plupart des gens, votre humeur s'est améliorée.

En reprenant le modèle des deux chapitres précédents, je commencerai par énoncer certaines habitudes de pensée totalement incompatibles avec la gratitude et qui sont très répandues chez les gens normaux.

- Je mérite d'être traité avec courtoisie par les commis dans les magasins.
- Je ne dois rien à personne. Je ne devrais pas être obligé de travailler pour un salaire aussi minable.
- Il est difficile de prendre son envol comme un aigle quand on est entouré d'un troupeau de dindes.
- J'ai des goûts de champagne et de caviar dans un monde de boissons gazeuses et de tartinades au fromage.
- Pourquoi ma femme n'est-elle pas jolie et séduisante comme les femmes sont censées l'être ? Pourquoi mon mari…
- Je n'arrive pas à le croire ! À 40 ans, il faut que je commence à prendre des médicaments contre l'hypertension. Qu'ai-je fait pour mériter ça ?

- (Sarcastiquement) Bravo, un autre merveilleux coucher de soleil.
- Je suis censé éprouver de la gratitude pour la liberté dont nous jouissons en Occident. Si je me sers de ma planche à roulettes dans le parking du bureau de poste, je me fais arrêter. Quelle sorte de liberté est-ce là?

Ces points vous aideront à mieux saisir ce que j'entends par des pensées dénuées de gratitude. Lisez les énoncés ci-dessous en vous demandant si vous avez des pensées de ce genre et, si oui, à quelle fréquence: une ou deux fois par mois? quelques fois par semaine? quotidiennement?

- Croire que les petits plaisirs de la vie ne valent pas la peine qu'on s'y attarde.
- Espérer vivre dans l'euphorie et le luxe, et se sentir fâché ou déçu que ce rêve ne se réalise pas.
- Se sentir en droit d'avoir les bonnes choses qu'on désire.
- Croire que l'on a droit plus que les autres à une vie heureuse et confortable.
- Croire que l'on ne devrait pas avoir à subir les malaises, les déceptions ou les misères du commun des mortels.
- Se sentir incapable de surmonter les déceptions.
- Croire que ses désirs sont tellement importants qu'on n'a pas trop à se soucier des moyens qu'on prend pour les satisfaire.
- Supposer que quelqu'un est à blâmer ou à punir pour tout désir qu'on ne réalise pas.

Les petits plaisirs

Si j'avais le choix entre une boisson gazeuse et du champagne, je choisirais le champagne, merci. Si j'avais le choix entre une voiture de luxe et une familiale bas gamme, la voiture de luxe me conviendrait mieux. Si je pouvais choisir entre des amis charmants et des amis insupportables, je pencherais pour les premiers. De telles préférences relèvent de la nature humaine.

Malgré cela, je pratique la gratitude aussi assidûment que je le peux. Pourquoi, dans ce cas, ne suis-je pas aussi heureux de boire une boisson gazeuse que du champagne ? Peu de choix sont faits en toute liberté. Peut-être ne suis-je pas disposé à me payer du champagne, surtout du bon champagne. Peut-être n'y a-t-il pas de champagne ou peut-être ai-je décidé de m'abstenir de boire.

Les situations de ce genre changent constamment. Cependant, la question qui importe est la suivante : s'il n'y a que des boissons gazeuses, suis-je capable de prendre autant plaisir à en boire qu'à siroter du bon champagne ? La réponse est oui – si je cultive le principe de la gratitude.

Aux pages 42 et 43, vous avez appris que les gens qui gagnent de grosses sommes d'argent à la loterie se retrouvent souvent plus malheureux qu'ils ne l'étaient auparavant. Cela est particulièrement frappant lorsqu'on tient compte du fait que la plupart des gens qui achètent des billets de loterie occupent des emplois mal rémunérés et ont peu d'instruction. Pourquoi en est-il ainsi ? Ces personnes ne savent plus apprécier les petits plaisirs de la vie. Avant de gagner à la loterie, peut-être éprouvaient-elles beaucoup de plaisir à s'asseoir sur le perron pour boire leur café et manger du pain grillé à la cannelle en lisant le journal. Après avoir gagné beaucoup d'argent, le perron ne leur semble plus aussi agréable. Elles prennent l'habitude de manger des pâtisseries et le pain grillé à la cannelle ne leur semble plus aussi bon en comparaison. Après avoir regardé le soleil se coucher derrière la tour Eiffel et le Taj Mahal, elles ne trouvent plus très excitant de le voir se coucher derrière le supermarché.

Il ne s'agit pas uniquement d'un problème théorique et ce problème ne frappe pas seulement les gagnants à la loterie. Par exemple, les gens de la classe moyenne des États-Unis sont plus riches que 99 % des autres habitants de la Terre et comptent parmi le dixième pour cent de toutes les personnes les plus riches ayant vécu sur Terre. Dans un sens, nous *avons* gagné à la loterie. Nous ne nous en rendons pas compte parce que nous nous concentrons sur le petit nombre de personnes qui sont plus riches que nous, de sorte que nous nous sentons pauvres en comparaison. C'est aussi ce qui arrive aux gagnants à la loterie. À leurs yeux, le million de dollars qu'ils ont gagné ne couvre que la facture d'électricité annuelle de quelque milliardaire.

Parce que nous avons déjà gagné à la loterie, nous sommes devenus insensibles aux petits plaisirs qui nous auraient procuré de la joie dans d'autres circonstances. Le but de la gratitude est de lutter contre cette tendance. Les circonstances de la vie minent constamment notre capacité de profiter des petits plaisirs. La pratique de la gratitude la régénère.

La gratitude est-elle un devoir ?

Très souvent, nous entendons le mot « gratitude » dans une phrase au conditionnel. Il ne fait aucun doute qu'il y a certaines choses que nous *devrions* faire ; boucler notre ceinture de sécurité ; recycler ; payer nos impôts. Mais la gratitude ne se conjugue pas au conditionnel. Cela est impossible. La gratitude qui n'est pas librement choisie n'est pas de la gratitude et elle ne procure pas les bienfaits de la gratitude.

Supposons que vous commandiez des œufs bénédictine et un café au lait dans un bistro sympathique. La serveuse vous apporte de l'eau chaude, un sachet de café instantané et des crêpes en vous expliquant que les fournisseurs n'ont rien livré. Lorsque vous protestez, elle vous répond : *« Vous avez tout de même de délicieuses crêpes et un café instantané. La plupart des gens dans le monde ont faim et seraient ravis de ce repas. Vous devriez être reconnaissant d'avoir autant de chance ! »*

Cependant, je doute que vous éprouviez de la gratitude en entendant cela. Si vos compagnons exercent des pressions pour que vous fassiez preuve de bonne humeur, peut-être montrerez-vous les signes extérieurs de la gratitude, mais ils ne seront pas sincères.

D'autre part, la serveuse peut vous dire en prenant votre commande : « *Tout va de travers aujourd'hui. Rien n'a été livré et nous n'avons plus que du café instantané et des crêpes.* » Dans ce cas, je crois que vous pourriez facilement vous imaginer en train de commander du café instantané et des crêpes, et de les apprécier, plus particulièrement si l'ambiance était agréable et que vous étiez en bonne compagnie.

En fin de compte, la gratitude est un cadeau que l'on se fait. Feindre l'apparence de la gratitude quand les pressions sociales nous y obligent ne reflète que de bonnes manières ou un caractère soumis.

Pour certaines personnes, la gratitude a des connotations négatives. Elle leur suggère qu'elles ont une obligation envers quelqu'un ou quelque chose. Peut-être quelqu'un a-t-il choisi de vous donner quelque chose de bien et vous avez l'impression de devoir lui témoigner de la gratitude. Ce problème est tout simple à résoudre. N'envisagez pas la gratitude de cette façon. La gratitude est un sentiment et non une obligation sociale. La gratitude est un sentiment agréable et heureux lié à quelque activité positive. Bon nombre de gens disent spontanément merci lorsqu'ils se sentent profondément reconnaissants et cela approfondit leur sens de la gratitude. Sentez-vous libre d'exprimer votre gratitude à qui vous en avez envie. Vous pouvez même remercier l'univers tout entier. Si vous n'éprouvez pas le désir de l'exprimer, vous n'êtes surtout pas obligé de le faire.

La méditation sur la gratitude

Grâce à la méditation, vous pouvez approfondir et intensifier votre expérience de la gratitude. Choisissez un objet approprié pour méditer sur la gratitude. Il peut s'agir d'un livre, de votre enfant, de quelque circonstance heureuse, d'un souvenir agréable ou d'un vase ming, si jamais vous en possédez un. Aux fins de l'exercice qui suit, nous parlerons de votre objet de gratitude.

Préparez-vous à faire une séance de méditation de 10 ou 15 minutes. Choisissez un endroit calme où vous ne serez pas dérangé et adoptez une position confortable. Vous pouvez ou non fermer les yeux. Imaginez-vous que la gratitude est une graine qui peut, avec votre aide, germer et croître rapidement dans les quelques minutes qui suivent. Lorsque vous êtes prêt à commencer, posez-vous doucement et patiemment les questions suivantes :

- Qu'est-ce que mon objet de gratitude a de bon ?
- Qu'est-ce qui me plaît dans cet objet ?
- Comment me fait-il plaisir ?
- De quelles façons ai-je de la chance de l'avoir ?
- Que ressentirais-je si je le perdais ?
- Combien de fois m'a-t-il procuré du plaisir ?

Chaque fois que vous vous posez l'une de ces questions, attendez patiemment la réponse dans un état d'esprit calme et réceptif. Ne faites pas d'efforts pour y répondre comme si vous essayiez de résoudre un problème d'arithmétique. Laissez les réponses venir toutes seules et, de la même façon, laissez-vous imprégner par la gratitude. Certaines de vos réactions seront peut-être inattendues. Renoncez à vos idées préconçues sur ce qui devrait se passer et respectez plutôt ce qui se *passe* en réalité.

Si vous ressentez un sentiment de gratitude, pensez tout haut ou tout bas à quelques-uns des énoncés suivants :

- J'éprouve de la gratitude maintenant.
- Ma capacité d'éprouver de la gratitude s'approfondit et s'intensifie.
- Je me sens réceptif à des sentiments de gratitude plus profonds.
- Il y a tant de choses pour lesquelles je peux éprouver de la gratitude, si je le veux bien.

Refaites cet exercice quand vous en avez envie, mais ne vous y forcez pas. Vous avez tout le reste de votre vie pour cultiver la gratitude : au travail, au volant, pendant que vous méditez ou même lorsque vous rêvez.

Une fois que vous avez terminé votre méditation sur la gratitude, restez assis tranquillement pendant un moment et rassemblez vos idées. Savourez l'expérience positive que vous venez de vivre. Dans votre cahier, écrivez vos réflexions sur cette expérience.

Renaud a écrit ce qui suit :

Au début, je ne savais pas quoi choisir comme objet de gratitude. Lorsque mon chat a sauté sur mes genoux, j'ai pensé qu'il ferait l'affaire. J'ai commencé par apprécier sa chaleur sur mes genoux, puis sa respiration et ses ronronnements. J'ai pensé combien un animal – n'importe quel animal – était une chose miraculeuse, vraiment miraculeuse. Il me semblait extraordinaire que deux animaux appartenant à des espèces très différentes – un chat et un humain – puissent se comprendre et s'aimer. Cela me semblait complètement mystérieux et d'autant plus précieux que c'était miraculeux. Mon sentiment de gratitude est alors devenu très fort. Je pourrais continuer pendant des pages, mais cela me suffit pour me rappeler cette leçon et la réapprendre au besoin.

Mettre de la gratitude en pratique

La gratitude est à la fois un sentiment et une chose que l'on peut mettre en pratique. Le sentiment de gratitude est agréable, mais il va et il vient. Il n'a rien de volontaire. La pratique de la gratitude nous oblige à repérer et à remettre en question nos pensées dénuées de gratitude ; à contester ces pensées ; à chercher des pensées plus empreintes de gratitude ; à cultiver ces nouvelles pensées empreintes de gratitude jusqu'à ce qu'elles deviennent habituelles ; à adopter de nouvelles habitudes d'expression et de comportement en harmonie avec le principe de la gratitude ; et à reconnaître les avantages et les plaisirs – émotifs et pratiques – qui découlent de la pratique de la gratitude.

Chapitre 8

Combiner la compassion, l'attention et la gratitude

Il est facile de comprendre la compassion, l'attention et la gratitude lorsqu'on les considère séparément. C'est pourquoi je les traite une à une et vous encourage à les mettre en pratique séparément. Mais les choses ne s'arrêtent pas là. Chacun de ces trois principes est profondément associé aux deux autres par des liens complexes et ils font tous les trois partie des traditions religieuses, spirituelles et philosophiques du monde. Une personne pourrait passer sa vie à découvrir avec bonheur toutes ces connexions en lisant les divers ouvrages des maîtres de ces traditions. Voici quelques idées pour vous mettre sur la bonne voie.

Naturellement, les enseignements chrétiens mettent beaucoup l'accent sur la compassion (qu'on appelle parfois l'« amour chrétien » ou la « charité chrétienne »), sur l'attention (qu'on appelle habituellement la « révérence » ou l'« humilité ») et sur la gratitude (qu'on appelle généralement la « reconnaissance »). Le Christ a encouragé ces principes de plusieurs façons, comme l'ont fait par la suite de nombreux maîtres chrétiens. Il s'agit d'un pan important et complexe de la littérature, que je ne connais pas bien, mais j'aimerais vous recommander l'un de mes auteurs préférés, Thomas Kempis, un moine qui a vécu au Moyen Âge qui a reformulé la doctrine chrétienne d'une manière qui reflète la compassion, l'attention et la gratitude.

Marc Aurèle, l'empereur et philosophe romain, pourra peut-être vous aider à comprendre ces trois principes et à les mettre en pratique. On s'en souvient surtout pour ses *Méditations,* une collection de ses adages et de ses brefs essais. Dernier empereur non chrétien de Rome à une époque de grande crise sociale et de détérioration morale, Marc Aurèle a fait de son mieux pour veiller sur son peuple d'une manière calme, efficace et empreinte de compassion, accordant peu d'importance à la richesse, à la gloire ou aux plaisirs éphémères. Il a essayé de relater cette tâche difficile dans ses écrits afin que d'autres dirigeants à d'autres époques puissent suivre son exemple. On s'en souvient pour des épigrammes comme ceux-ci :

> *Combien plus douloureuses sont les conséquences de la colère que les causes de celles-ci !*

> *Lorsque vous êtes outré par l'insolence de quelqu'un, demandez-vous tout de suite : « Le monde peut-il exister sans personnes insolentes ? » Non. Alors ne demandez pas l'impossible.*

Le maître et philosophe qui a le plus influencé Marc Aurèle est Épictète, un ancien esclave. Les idées fondamentales d'Épictète sont donc assez semblables à celles de Marc Aurèle, mais il les exprime un peu différemment, sans doute à cause de son expérience très différente de la vie et de sa place dans la société. On reconnaît parfois Épictète comme l'arrière-grand-père de la psychothérapie cognitive parce qu'il a dit ceci :

> *Ce ne sont pas les événements qui dérangent l'esprit des hommes, mais plutôt la perception qu'ils en ont.*

> *Sage est l'homme qui ne s'afflige pas des choses qu'il n'a pas, mais qui se réjouit pour ceux qui les ont.*

On trouve des échos de la compassion, de l'attention et de la gratitude dans de nombreux romans et classiques, dont bon nombre me semblent donner involontairement des leçons sur ces principes en illustrant, par exemple, ce qui arrive aux personnes qui refusent de les mettre en pratique.

Les romanciers qui donnent des leçons sur ces principes décrivent des personnages imparfaits vivant des situations difficiles de telle manière que nous ne pouvons pas nous empêcher de les aimer et de les admirer, même lorsqu'ils se conduisent mal. Par analogie, nous apprenons à aimer notre vie et les gens autour de nous. E. M. Forster a cet effet sur moi dans des romans comme *Howards End : le legs de Mrs. Wilcox* et *Avec vue sur l'Arno*. Le roman *Le Pasteur* et sa suite, *Les Tours de Barchester,* d'Anthony Trollope, me font le même effet. Mais mon roman préféré à cet égard est *La dynastie des Forsyte* de John Galsworthy. Je vous encourage à chercher des leçons sur ces trois principes dans ces romans, ainsi que dans divers autres romans et récits.

Grâce aux enseignements empreints de compassion du Christ, le Nouveau Testament met beaucoup l'accent sur ce principe. De nombreux enseignements juifs et musulmans encouragent aussi la charité, la reconnaissance, le respect, la crainte révérencielle, l'émerveillement et l'humilité. Ces enseignements combinent tous la compassion, l'attention et la gratitude de diverses façons.

Les traditions hindouistes et bouddhistes (rappelez-vous que Bouddha était un maître et réformateur hindouiste) réitèrent constamment diverses combinaisons de la compassion, de l'attention et de la gratitude. La troisième noble vérité du Bouddha, c'est-à-dire renoncer au désir pour faire cesser la souffrance, est une déclaration sans équivoque sur les problèmes des insatiables désirs des hommes. On peut aisément voir dans sa « Voie aux huit membres » un programme systématique pour mettre en pratique la compassion, l'attention et la gratitude.

Il y a environ 50 ans, Aldous Huxley, surtout connu pour ses romans *Le meilleur des mondes* et *Les portes de la perception,* a publié

La philosophie éternelle. Comme d'autres avant lui, Huxley croyait que les grandes religions et traditions spirituelles du monde véhiculent toutes le même message fondamental. Dans *La philosophie éternelle*, Huxley clarifie ce message fondamental et propose des exemples basés sur les enseignements chrétiens, musulmans, hindouistes, juifs, bouddhistes, zoroastriens et autres. Selon Huxley, la philosophie éternelle comprend trois éléments essentiels. Premièrement, les choses ordinaires, les vies ordinaires et les esprits ordinaires sont faits de substance divine. Deuxièmement, une partie de la réalité divine (terme qu'utilise Huxley pour désigner Dieu ou l'Être suprême) se trouve au cœur de tout être vivant. Troisièmement, la tâche la plus importante qui incombe à une personne est de découvrir la divinité des choses ordinaires, des vies ordinaires et des esprits ordinaires, et de découvrir en soi la réalité divine.

Je suis toujours frappé par la description qu'Huxley donne du troisième élément parce qu'elle correspond à la pratique de la compassion, de l'attention et de la gratitude. Le présent manuel est ni plus ni moins une recette sur la façon d'entreprendre ce processus de découverte.

La philosophie éternelle est diamétralement opposée à la plupart des religions contemporaines populaires en ce sens que la réalité divine ne fait pas nécessairement quoi que ce soit. Elle existe tout simplement. Elle ne tire pas nécessairement les humains du danger et ne punit pas nécessairement ceux qui ont soulevé sa colère. Elle ne crée pas l'univers et elle ne le préserve pas. Selon cette philosophie, la vie après la mort est une question sans importance. La question essentielle est de savoir si on ne sera jamais vraiment en vie avant de mourir. Bien que cette doctrine ne reflète pas parfaitement la doctrine d'une religion en particulier, elle convient à bien des gens.

Pour revenir à des choses plus pratiques, voyons comment, dans le tableau ci-après, les trois principes sont liés les uns aux autres. Si une personne met assidûment en pratique n'importe lequel des trois principes, elle finira invariablement par découvrir les deux autres.

	Gratitude	Attention	Compassion
La compassion mène à :	Une plus grande appréciation des autres, qui fait naître des sentiments de gratitude envers eux, puis envers de nombreuses choses.	La prise de conscience de l'inutilité des jugements de valeur sur les autres. L'étape logique suivante est la renonciation aux jugements de valeur superflus sur des choses, des endroits, des événements et des circonstances.	
L'attention mène à :	Une plus grande réceptivité au bien et à la bonté qui nous entoure.		La renonciation aux jugements superflus sur les gens, par exemple s'ils sont bons ou mauvais, intelligents ou sots, dignes d'estime ou non. Cela nous ouvre ensuite le cœur à la compassion.
La gratitude mène à :		L'appréciation des choses insignifiantes et imparfaites, ce qui nous apprend à éviter les jugements de valeur inutiles.	La reconnaissance des besoins du cœur. Puis nous apprenons à reconnaître et à respecter les besoins dans le cœur des autres.

Vous pouvez aussi explorer les profondes et mystérieuses connexions entre la compassion, l'attention et la gratitude en considérant comment ces trois principes sont nécessaires à une vie pleine et satisfaisante. Retirez un de ces principes et vous aurez inévitablement des problèmes.

	Sans gratitude	Sans attention	Sans compassion
La compassion	Est triste, morose, sans joie. Trop de larmes et trop peu de rires.	Porte à trop blâmer et à juger en réaction à la peine et à l'injustice. Il y a un manque de sérénité.	
L'attention	Rend la vie sèche, ennuyeuse et pointilleuse.		Rend trop égoïste. On apprécie trop peu les autres ou on s'en préoccupe trop peu.
La gratitude		Engendre un hédonisme irréfléchi.	Rend trop égoïste. Il y a trop peu d'empathie.

Vous en savez maintenant assez long sur les trois principes et sur les façons de les pratiquer pour voir de manière plus détaillée comment ils pourraient améliorer votre qualité de vie. Considérez les nombreux aspects de votre vie dans lesquels au moins un de ces principes peut s'appliquer. Pour ce faire, photocopiez le tableau qui suit ou reproduisez-le dans votre cahier en incluant seulement les buts qui sont pertinents pour vous. Mettez un crochet ou une brève note dans les cases pour indiquer comment chacun de ces principes pourrait vous aider dans des domaines particuliers. N'ayez pas peur de laisser certaines cases vierges. Cet exercice ne vise qu'à clarifier vos buts et vos valeurs, et à vous motiver à dévorer les autres chapitres du présent guide.

Votre but	Compassion	Attention	Gratitude
M'inquiéter moins			
Être moins angoissé			
Être plus optimiste			
Être de meilleure humeur			
Ressentir moins de colère et de haine, faire preuve de plus d'indulgence			
Avoir un meilleur jugement			
Avoir un comportement plus responsable envers les êtres qui me sont chers			

Votre but	Compassion	Attention	Gratitude
Me sentir plus à l'aise au travail			
Être plus productif au travail			
Être plus créatif			
Être plus honnête			
Être plus aimable et avoir plus d'amis			
Être plus gentil			
Comprendre mieux la spiritualité			
Approfondir ma foi chrétienne			
Approfondir ma foi juive			
Approfondir ma foi hindouiste ou bouddhiste			
Approfondir ma foi laïque et humaniste			
Approfondir ma foi d'un autre type			
Avoir une pratique spirituelle plus rigoureuse			
Avoir une pratique plus satisfaisante de la méditation ou de la prière			
Avoir un mariage plus heureux			
Être un meilleur parent			
Militer davantage en faveur de la justice sociale			
Être plus respectueux de la planète et mieux la protéger			
M'abstenir de consommer des drogues ou de l'alcool			
Adopter un style de vie plus sain			
Adopter un style de vie plus simple			
Autre :			

Voici comment Charlotte a rempli ce tableau.

Votre but	Compassion	Attention	Gratitude
M'inquiéter moins	Être moins obsédée par mes petites préoccupations personnelles.	Me sentir plus sereine au sujet des sentiments difficiles.	Être moins obsédée par l'idée d'arriver quelque part.
Être plus optimiste	Attendre plus de bien des personnes qui m'entourent.	Arrêter de blâmer et de condamner sans cesse les autres.	
Être de meilleure humeur			Je me sens heureuse lorsque je pense à pratiquer la gratitude.
Avoir un meilleur jugement	Être plus prête à accepter la réalité des sentiments et des attitudes des autres.	Peut-être me mettrai-je moins dans tous mes états quand les choses n'iront pas comme je le voudrai.	
Avoir un comportement plus responsable envers les êtres qui me sont chers	Mon mari fait parfois son possible, mais je ne suis pas satisfaite. J'apprendrai à être plus indulgente.		J'essaierai de profiter de mes enfants, de moins les mouler.
Être plus à l'aise au travail		Oublier de vouloir refaire l'entreprise selon mes désirs.	
Être plus créative	J'aimerais exprimer la compassion dans mes portraits.	Dépendre moins de l'inspiration et m'intéresser davantage à ce qui *est*.	
Approfondir ma compréhension de la spiritualité	Renoncer à l'idée que tout le monde devrait être d'accord sur les questions spirituelles.		La gratitude est sans doute la meilleure voie vers la grâce, mais c'est celle que j'emprunte le moins.
Approfondir ma foi chrétienne	Le Christ comme «Rédempteur» ne me convient pas toujours. L'idée du Christ enseignant la compassion me met beaucoup plus à l'aise.	Éprouver plus de gratitude envers une collectivité chrétienne qui m'appuie.	Porter moins de jugements et moins condamner les autres. Quelle prétention! C'est la tâche de Dieu, non la mienne.

Votre but	Compassion	Attention	Gratitude
Être plus respectueuse de la planète et mieux la protéger	Parfois, les responsabilités liées à l'environnement me semblent un fardeau. Si j'ai de la compassion pour tous les êtres vivants, je m'en acquitterai avec joie.		
M'abstenir de consommer des drogues et de l'alcool		En général, je bois quand je pense à des souvenirs tristes et je me fiche de ce que je fais. L'attention m'aidera.	Éprouver de la gratitude pour toutes les bonnes choses que je pourrais perdre en buvant.
Autre : Prendre soin de ma mère	Le faire simplement par obligation est trop déprimant. Le faire par compassion est beaucoup plus enrichissant.	Ne plus penser « Pourquoi faut-il qu'il en soit ainsi ? » et me fâcher.	

En fin de compte, la compassion, l'attention et la gratitude sont des voies différentes vers la même destination, comme trois rayons reliés au même moyeu. Loin de la destination, ces principes ne semblent aucunement liés. Une personne pourrait se demander : *« En quoi le plaisir d'un coucher de soleil est-il lié aux sentiments que je peux éprouver à l'égard de mon exécrable colocataire ? »* ou *« Comment des gentillesses distribuées au hasard m'aideront-elles à mieux maîtriser mes crises de panique ? »* Les trois principes convergent en un certain point. Dans une relation amoureuse très intime, par exemple, il devient très difficile de faire la distinction entre la compassion, l'attention et la gratitude que nous inspire l'être aimé. Quand une personne se sent très proche de la nature, elle a de la difficulté à distinguer les trois principes lorsqu'elle les applique aux formes de vie, à la beauté, aux habitats et à tous les mystères qui l'entourent. L'expression qui résume le mieux le but ultime de savoir apprécier ce que l'on a est simplement « aimer la vie ».

Chapitre 9

La dépression et la tristesse

Vous êtes découragé? fatigué? Vous dormez mal? Vous vous sentez triste tout le temps? Vous avez l'impression d'être un parfait raté? Quand votre thérapeute vous dit que vous avez un complexe d'infériorité, pensez-vous qu'il est trop délicat pour vous dire que vous êtes carrément inférieur? Êtes-vous étonné qu'on vous félicite pour votre imitation géniale de Eyeore dans *Winnie l'Ourson*?

Vous êtes peut-être déprimé. Selon la gravité de votre état, la durée de l'épisode dépressif et les symptômes que vous manifestez, diverses possibilités s'offrent à vous. Permettez-moi d'adopter un langage plus psychiatrique dans les prochains paragraphes.

Songez sérieusement à chercher l'aide d'un psychothérapeute ou d'un psychiatre ou des deux dans les situations suivantes :

- Si vous êtes déprimé au point d'être incapable de fonctionner normalement, d'effectuer votre travail, d'avoir une vie sociale et familiale normale et ainsi de suite.
- Si vous vous sentez plutôt déprimé et avez des antécédents de dépression grave.
- Si vous avez des hallucinations auditives (vous entendez des voix), si vous délirez ou si vous avez des idées bizarres sur vous-même (incarnation du mal) ou sur votre valeur.

- Si vous pensez être maniaco-dépressif (souffrir de la maladie affective bipolaire). Si vous avez de longues périodes d'exaltation hyperactive et irresponsable alternant avec des épisodes de dépression profonde, vous pourriez effectivement souffrir de la maladie affective bipolaire.
- Si vous avez fait une tentative de suicide ou si vous avez des pensées suicidaires.

Même si votre dépression n'est pas aussi profonde, il peut valoir la peine d'avoir recours à la psychothérapie ou aux antidépresseurs. N'érigez pas une fausse dichotomie entre la médication et la psychothérapie, d'une part, et la compassion, l'attention et la gratitude, d'autre part. Vous pouvez consulter un thérapeute et prendre des médicaments que vous pratiquiez ou non la compassion, l'attention et la gratitude. Et vous pouvez les pratiquer peu importe que vous soyez déprimé, en thérapie ou sous l'effet de médicaments.

Composer avec la dépression et la tristesse grâce à la compassion

Dans l'un de ses enseignements les plus célèbres, Bouddha soulage une douleur extrême par l'enseignement de la compassion universelle.

Une mère éplorée s'est présentée devant le Bouddha tenant son enfant mort dans ses bras et demandant au Bouddha de rendre la vie à son bébé. Il lui a répondu qu'il savait fabriquer un remède pour soulager sa douleur. Pour le préparer, il avait besoin d'un grain de moutarde venant d'une maison où il n'y avait jamais eu de mort. Elle a cherché longtemps, mais en vain, et elle a dû revenir devant le Bouddha pour lui avouer son échec. Ironiquement, à la suite de cette expérience, elle a été capable de supporter le poids de son chagrin.

Le Bouddha expliqua à ses disciples que toutes les créatures vivantes seraient bientôt mortes. C'est pourquoi nous tous devons parfois être tristes. Mais si nous nous isolons dans notre chagrin en nous imaginant que notre douleur est unique ou incompréhensible pour les autres, notre souffrance en sera décuplée. Si, au contraire, nous pratiquons la compassion envers les personnes qui souffrent de la même façon que nous, le poids de notre chagrin devient supportable. En rencontrant des gens ordinaires comme elle, qui avaient déjà souffert comme elle, la mère du bébé a ressenti de la compassion pour eux. À mesure que sa compassion grandissait, elle se sentait mieux, même si elle continuait à être triste.

Si vous en avez envie, faites l'essai d'une forme adoucie de la cure à la graine de moutarde de Bouddha : à partir des phrases qui suivent, notez vos expériences dans votre cahier.

- Le chagrin qui vous fait souffrir.
- La façon dont vous imaginez être le seul ou la seule à souffrir.
- Qui d'autre souffre de la même façon que vous ? (Si vous ne connaissez personne dans votre situation, comment pourriez-vous rencontrer d'autres personnes qui ont les mêmes problèmes que vous ? Si cela est impossible, imaginez que d'autres souffrent comme vous.)
- Ce que vous apprenez des personnes dont la douleur ressemble à la vôtre.
- Comment les pensées empreintes de compassion envers les personnes qui sont dans des situations semblables à la vôtre vous aideront-elles à porter votre fardeau plus facilement ?
- Écrivez comment cet exercice a transformé vos sentiments de tristesse.

Les personnes déprimées ont souvent le sentiment d'être complètement seules, comme si personne ne pouvait comprendre leurs sentiments ou éprouver de la sympathie pour elles. Simultanément, elles ont l'impression de n'avoir rien à offrir aux autres. C'est pour ces raisons que les gens déprimés se retirent sur le plan social.

Au XIXᵉ siècle, en Europe et en Amérique du Nord (et probablement à d'autres époques et dans d'autres endroits), on croyait que la meilleure façon de chasser la tristesse et le chagrin était de trouver une personne plus malheureuse que soi et de se consacrer à soulager son malheur. Ces gens reconnaissaient que la pratique de la compassion envers les autres rend plus optimiste devant la vie.

Faites un remue-méninges sur les choses que vous pourriez faire pour certaines personnes et écrivez-les dans votre cahier. Notez ensuite ce que vous avez fait et en quoi cela a modifié votre humeur.

Un lecteur nommé Raphaël a écrit ce qui suit :

J'étais très malheureux parce que ma petite amie et moi semblions sur le point de rompre. Je suis resté dans ma chambre à regarder la télévision et à boire de la bière tout en me retenant de pleurer pendant environ trois jours. Ma voisine, une divorcée d'une cinquantaine d'années, mère de deux adolescents, m'a mentionné un jour que sa voiture surchauffait et qu'elle avait peur de perdre son emploi. J'ai passé la journée à installer une nouvelle pompe à eau dans sa voiture. J'étais triste, mais j'éprouvais aussi de l'affection pour cette pauvre femme et ses deux enfants. Ils m'ont été tellement reconnaissants que j'ai recommencé à me sentir aimable. J'étais triste quand même, mais je ne me sentais plus démoli.

Composer avec la dépression et la tristesse grâce à l'attention

Il existe deux façons évidentes et sensées d'appliquer le principe de l'attention à la dépression.

Premièrement, les gens déprimés sont portés à ruminer les mauvais souvenirs, à ouvrir les anciennes blessures et à entretenir de la colère à l'égard de personnes dans leur entourage. Ils sont aussi portés à s'imaginer que leur état ne changera jamais.

Dans ce genre de cas, il est utile de revenir au présent. N'oubliez pas qu'il ne peut y avoir de la joie et de l'amour que dans le présent. Les mauvais sentiments que nous laisse le passé sont compréhensibles et, à un degré raisonnable, ils sont tout à fait normaux. Mais s'ils envahissent votre vie et vous font souffrir, c'est que vous vivez trop dans le passé.

La plupart des thérapeutes découragent avec raison la répression et le déni («*Je ne vais tout simplement plus y penser*»). Cependant, choisir de vivre dans le présent n'est pas nécessairement une forme de répression. Quand on pratique l'attention, on ne nie pas violemment ses sentiments, ses pensées et ses souvenirs. On ne nie pas l'existence de sentiments et de souvenirs véritablement désagréables. On tourne simplement son attention vers le présent avec douceur et patience.

Voici une liste de stratégies qui vous aideront à vivre davantage dans le présent. Une fois que vous comprendrez comment faire, n'hésitez pas à inventer d'autres stratégies de votre cru. Elles ne vous interpelleront pas toutes, et certaines vous seront plus utiles que d'autres. Faites l'essai de celles qui vous semblent les plus prometteuses. Prenez des notes sur vos efforts et sur vos résultats.

- Passez du temps dans la nature. Ne faites pas de randonnée ardue. Remarquez simplement les beautés qui vous entourent.
- Passez du temps à jouer avec un animal de compagnie. Concentrez-vous uniquement sur l'animal.
- Prenez un très bon repas. Concentrez-vous sur la bonne chère et sur le plaisir de manger.
- Ayez une conversation au cours de laquelle vous écoutez votre interlocuteur attentivement et avec intérêt.
- Faites une tâche ménagère lentement, patiemment et le mieux possible.

- Jouez avec un enfant qui apprécie votre compagnie. Concentrez-vous uniquement sur l'enfant et sur votre activité.
- Faites de la méditation mais sans raison particulière.
- Autre.

La deuxième façon dont on peut appliquer le principe de l'attention à la dépression consiste à ne pas porter de jugements inutiles. Les personnes déprimées portent d'innombrables jugements de valeur négatifs sur elles-mêmes. Lorsqu'elles souffrent de dépression profonde, elles portent le même jugement sur tout ce qui leur arrive et sur tout ce qui se passe dans la vie. Le traitement psychologique habituel de la dépression consiste à contester vigoureusement ces jugements de valeur. Vous pouvez faire de même en appliquant systématiquement le principe de l'attention.

Debbie, qui souffre présentement de dépression modérée, a dressé dans le tableau ci-dessous une liste de jugements de valeur inutiles qu'elle porte sur elle-même. Elle a ensuite remis chacun de ces jugements de valeur en question.

Jugement de valeur	Remise en question
Je suis trop grosse.	Je suis certainement trop grosse pour faire les couvertures de magazine, mais mon mari, mes enfants, certains membres de ma famille et quelques amis m'aiment sincèrement et continueront de le faire.
Je suis une perdante.	«Perdante» est un mot méchant que n'importe qui peut employer au sujet de n'importe qui d'autre. Je fais de mon mieux, comme tout le monde. J'excelle dans certaines choses et j'en fais d'autres de manière tout à fait adéquate.
Je ne suis pas sportive.	Mère Teresa n'était pas sportive non plus. Et après?
Je conduis mal.	Mais je n'ai jamais été citée à comparaître. J'ai été impliquée dans un seul accident dont je n'étais pas responsable.

Quand vous remettez en question vos jugements de valeur, il importe avant tout que cette remise en question vienne de vous. Ses bienfaits découlent de l'effort mental que vous devez faire pour formuler vos remises en question et vous les rappeler lorsque vous êtes tenté de vous condamner vous-même. Si d'autres les remettent en question à votre place, vous n'en tiendrez pas compte ou vous ne les croirez pas. Dans tous les cas, les remises en question ont plus de pouvoir si vous faites l'effort de les formuler vous-même.

Dans votre cahier, essayez maintenant de remplir un tableau semblable à celui que Debbie a rempli.

La compassion envers soi-même

Les étudiants de la méthode de la compassion, de l'attention et de la gratitude m'adressent souvent des questions sur la compassion envers soi-même. L'idée est raisonnable, mais elle pose quand même certains problèmes. La compassion nous amène essentiellement à reconnaître que nous ne sommes pas le centre du monde, et que les sentiments des autres sont très semblables aux nôtres et découlent des mêmes sources. Se percevoir de cette façon peut cependant être déconcertant.

Voyez la compassion envers vous-même comme la reconnaissance de votre propre humanité. Comme tout le monde, vous êtes animé d'espoirs et de craintes, vous vivez des peines et des déceptions, et vous commettez des erreurs. La reconnaissance de ces faits et leur intériorisation relèvent davantage de l'attention que de la compassion. Les jugements de valeur inutilement durs envers vous-même, vos sentiments, vos espoirs, vos craintes et vos erreurs sont en effet déprimants. Vous avez le pouvoir d'y renoncer, mais vous aurez peut-être besoin d'un peu de pratique.

Composer avec la dépression et la tristesse grâce à la gratitude

Si vous êtes déprimé, vous avez peut-être l'impression d'avoir perdu la capacité de ressentir de la gratitude. Mais vous ne l'avez probablement pas entièrement perdue. Elle est simplement en dormance et vous pouvez la réveiller.

N'oubliez pas que la gratitude est à la fois un sentiment et une habitude de pensée. Vous êtes peut-être déprimé parce que vos sentiments de gratitude sont devenus plus rares. (On dit souvent que les sentiments de gratitude sont des sentiments heureux et on peut se contenter de cette définition, bien qu'il y ait certaines différences entre les deux.)

On ne perd pas volontairement ses sentiments de gratitude. Vous n'avez pas appuyé sur un bouton pour vous en débarrasser et vous ne pouvez donc pas répéter le même geste pour les faire revenir. Cependant, les habitudes de pensée, elles, sont volontaires et elles peuvent être modifiées. Si vous êtes déprimé, vous devrez sans doute faire plus d'efforts pour arriver à pratiquer la gratitude et vos sentiments de reconnaissance seront plus rares ou moins intenses. Néanmoins, en modifiant vos habitudes de pensée pour les rendre plus conformes au principe de la gratitude, vous arriverez rapidement à ressentir une profonde reconnaissance, et cela de plus en plus souvent. Cultiver la gratitude jusqu'à ce qu'elle redevienne naturelle pour vous, voilà une excellente façon de contrer la dépression.

Il est aussi possible que vous n'ayez jamais été particulièrement enclin à la gratitude. Mais rien ne vous empêche de commencer à la cultiver maintenant, pour la première fois, même si vous êtes déprimé.

Relisez les habitudes de pensée négatives énoncées aux pages 72 et 73.

Choisissez l'une de ces habitudes de pensée qui pourrait contribuer à votre état dépressif et notez-la dans votre cahier.

Sylvie avait choisi : se sentir incapable de surmonter les déceptions.

> *Je n'arrive pas à croire que notre maison a été saisie et que nous avons dû déménager dans un appartement. C'est injuste ! Beaucoup de gens ont moins de diplômes mais de meilleurs emplois que nous. Pourquoi ne se font-ils pas saisir ? Je pense sans cesse au travail que j'ai investi dans cette maison pour la décorer et l'améliorer. C'était comme un de mes enfants. Ce qui m'enrage le plus, c'est que le loyer est presque aussi élevé que notre versement hypothécaire. Je suis tellement déçue et en colère que je ne trouve plus rien d'agréable dans la vie. Je ne retrouverai plus jamais ma joie de vivre d'antan.*

Rédigez maintenant un court paragraphe sur une pensée dénuée de gratitude qui représente un problème pour vous.

Sylvie a remis en question l'idée qu'elle n'avait plus qu'à renoncer à tout espoir d'être heureuse parce que sa maison avait été saisie par la banque.

> *C'est une grande déception pour moi, mais ma vie continue. En fait, ma vie est restée essentiellement la même. Mon mari et moi nous aimons toujours autant. Par exemple, nous faisons toujours de longues promenades ensemble. Les enfants font encore des blagues et se chamaillent avec leur père le soir. Nous avons moins d'espace et le quartier n'est pas aussi joli, mais ce sont les seules choses qui ont vraiment changé. J'imagine que je pourrai m'y habituer. Quand je pense à une maladie grave dans la famille ou à une réelle pauvreté, notre malheur me semble bien petit.*

Remettez en question votre pensée déprimante et dénuée de gratitude en rédigeant à votre tour un court paragraphe.

En fin de compte, Sylvie a trouvé des choses pour lesquelles elle pouvait éprouver de la gratitude et elle a écrit un bref commentaire sur chacune d'elles.

Objet de gratitude	Commentaire
Le rire de mes enfants	Si je suis ouverte à la gratitude, le rire de mes enfants me donne du plaisir. Si mes enfants sont encore capables de rire, c'est que les choses ne vont pas si mal que ça.
La musique	J'ai cessé d'écouter de la musique. Je me sens trop déprimée pour choisir quoi que ce soit à écouter. Si je me donne le mal de le faire, il y a encore de la musique qui me donne beaucoup de plaisir.
La danse	J'aime bouger au son de la musique, doucement. Je me sens toujours bien quand je danse.
L'affection entre mon mari et moi	Quand nous nous sommes mariés, mon mari et moi croyions que la pauvreté ou la richesse nous importait peu, pourvu que nous soyons ensemble. C'est toujours vrai aujourd'hui, mais nous l'avons un peu oublié.

Dans votre cahier, dressez maintenant votre propre liste et commentez brièvement chaque objet de gratitude.

L'impopularité et l'isolement social

La dépression est une maladie cruelle à bien des égards, notamment sur le plan social. En effet, les gens déprimés deviennent moins populaires auprès de leurs parents et amis. En même temps, ils sont portés à s'isoler socialement parce que leurs relations sociales les fatiguent et les rendent anxieux. Pourtant, l'isolement social aggrave souvent la dépression.

Les gens déprimés sont moins populaires, notamment parce qu'ils s'intéressent peu au monde qui les entoure. En outre, ils sont portés à se plaindre et à être pessimistes. Eyeore, un personnage dans *Winnie l'Ourson,* en est un bon exemple. Personne ne le déteste vraiment, mais ses amis ne trouvent pas beaucoup de plaisir à le fréquenter.

Une façon de résoudre ce problème consiste à pratiquer la gratitude lorsque vous êtes en société. Dites des choses sincères et généreuses pour vous aider à faire de la gratitude une habitude de pensée. Si vous faites l'essai de cette méthode, évitez la fausse gaieté et les sarcasmes déplacés. Imaginons par exemple que vous êtes invité au pique-nique annuel du bureau. Vous y allez à contrecœur et il se met à pleuvoir. Vous dites à un de vos collègues: *« Réjouissons-nous qu'il pleuve puisque c'est bon pour les fleurs. »* C'est sarcastique, désagréable à entendre et même déprimant pour votre ami. Dans la même veine, vous pourriez ajouter: *« J'adore le café à l'eau de pluie et les hamburgers humides. La pluie ne me dérange absolument pas. »*

Si vous prenez le temps de réfléchir quelques secondes, vous trouverez peut-être quelque chose de plus sincère à dire, comme: *« Je suis bien content de voir qu'après tous les coups durs que nous avons connus, nos collègues et nos patrons se soucient encore de nous organiser un pique-nique annuel. »*

Dans un tableau comme celui présenté ci-après, formulez des remarques empreintes de gratitude dont vous pourriez vous servir dans un avenir rapproché, à des moments et dans des situations prévisibles. En même temps, pensez à des remarques sarcastiques que vous pourriez être tenté de faire. Si vous y pensez d'avance, vous serez moins enclin à les faire le moment venu.

Où, quand et à qui	Les choses empreintes de compassion que je veux dire	Les remarques à éviter

La tristesse

Par définition, la tristesse fait mal. Pire encore, sa douleur dure comme si elle ne devait jamais s'atténuer.

Pour vous consoler, il peut être utile de reconnaître que la tristesse est une réaction normale à un deuil et que tous les êtres humains dans toutes les cultures et à toutes les époques de l'histoire ont éprouvé du chagrin à la suite d'une perte ou d'un décès. La fonction psychologique de la tristesse demeure encore mystérieuse, mais elle semble essentielle. Non seulement le chagrin est-il normal, mais il est, d'une certaine manière, nécessaire. Cela peut vous sembler un piètre réconfort lorsque les choses vous paraissent insupportables. Voici cependant quelques idées sur la façon d'utiliser la compassion, l'attention et la gratitude pour surmonter les chagrins et les épreuves :

- Essayez de rencontrer d'autres personnes qui ont du chagrin et de leur manifester de la compassion.
- Le problème que pose la tristesse est que les membres de votre entourage n'en sont pas nécessairement conscients. Vous avez mal et leur insensibilité habituelle est difficile à supporter. D'autres sont au courant, mais ne savent pas quoi dire. Il n'y a aucune raison pour que votre chagrin vous empêche d'éprouver de la compassion pour ces gens. Si vous y arrivez, votre douleur vous fera moins mal.
- Considérez votre chagrin non pas comme une affliction, mais comme un hommage à la personne, à l'animal ou à l'emploi que vous avez perdu.
- Essayez de concevoir la tristesse comme une forme de gratitude. Une personne ou une chose aimée qui faisait partie de votre vie n'en fait plus partie. Il est facile de ressentir de la gratitude pour les bonnes choses et les bonnes personnes du passé. Nombreux sont les gens pour qui la tristesse est plus facile à supporter quand elle est empreinte de gratitude.

- Évitez les jugements de valeur inutiles sur votre tristesse, notamment de considérer le chagrin comme un signe de faiblesse. Le chagrin est le chagrin.
- Évitez la tentation de vous demander pendant combien de temps vous allez vous sentir triste. Vivez le moment présent.
- Remarquez les moments où la douleur disparaît et où le plaisir revient. Combinez l'attention et la gratitude en vous laissant aller à ces moments de plaisir, même si vous savez que votre tristesse reprendra bientôt le dessus. Avec le temps, les épisodes de tristesse deviendront plus courts et plus espacés, même s'ils gardent toute leur intensité.

Chapitre 10

L'anxiété

L'Ecclésiaste, un livre de la Bible, dit au chapitre 9, verset 11 : « J'ai, dans mes recherches, encore vu sous le soleil que la course n'est pas pour les agiles, ni la bataille pour les vaillants, ni le pain pour les sages, ni la richesse pour les intelligents, ni la faveur pour les savants ; tous sont à la merci des circonstances et du sort. »

Bien que nous tenions énormément à notre santé, à notre emploi et à notre revenu, à notre bonne réputation, à notre maison et ainsi de suite, il n'y a absolument aucune façon de les protéger contre le temps et les aléas de la vie.

Milarepa, un moine et maître bouddhiste tibétain du XIe siècle, a exprimé cette idée comme suit : « Toute quête temporelle conduit à une seule et même fin inévitable, le chagrin. Les acquisitions se terminent par la dispersion ; la construction, par la destruction ; les rencontres, par des séparations, la naissance, par la mort. Sachant cela, on devrait dès lors renoncer à toute acquisition, accumulation, construction et rencontre, et, fidèle aux commandements d'un gourou éminent, entreprendre la conquête de la Vérité. »

Comme « le temps et les aléas de la vie nous atteignent tous » et parce que « toute quête temporelle conduit à une fin inévitable », l'anxiété aussi est inévitable. Peu de gens y échappent. C'est un sort bien cruel, car l'anxiété est l'une des émotions les plus douloureuses qui soit. La dépression fait mal, mais l'anxiété ronge et dévore.

Rares sont les gens qui s'arrêtent pour réfléchir aux aspects utiles de l'anxiété. Pourtant, elle aide à survivre. Les drogues qui font disparaître l'anxiété (l'alcool, l'héroïne et la cocaïne, par exemple) détruisent le jugement et le feraient même si elles ne créaient pas d'habitude. Un petit nombre de gens malchanceux et dangereux ressentent peu d'anxiété ou même n'en éprouvent pas du tout. Un grand nombre d'entre eux meurent jeunes, tandis que d'autres se retrouvent en prison.

D'autres encore sont exceptionnellement sensibles à l'anxiété. Vous êtes peut-être de ceux-là. On peut comprendre l'envie des gens qui souffrent d'anxiété pour ceux qui n'en souffrent pas, mais c'est là une erreur.

Selon la façon dont on la gère, l'anxiété peut être une calamité persistante ou un outil utile. Étrangement, la clé de la gestion efficace de l'anxiété réside dans la gratitude qu'on en éprouve. La pratique de la gratitude pour les choses qu'on a peur de perdre peut aussi être utile. On traite trop souvent l'anxiété comme s'il s'agissait d'une maladie et on tente de la bannir par la force de la volonté ou en prenant des médicaments. Lorsqu'on ne réussit pas à s'en débarrasser de cette façon, on se sent faible, stupide ou autrement personnellement responsable de ses souffrances. Si vous souffrez d'anxiété persistante et douloureuse, vous avez sans doute passé beaucoup de temps à vous blâmer. Mes clients en psychothérapie me disent que l'autodévalorisation ne soulage pas leur anxiété. C'est aussi mon expérience et les scientifiques qui étudient ces problèmes en conviennent.

Composer avec l'anxiété grâce à la gratitude

Au cours de l'exercice proposé à la page 108, vous visionnerez rapidement la cassette vidéo de votre vie (miraculeusement conservée dans votre cerveau) depuis vos premiers souvenirs. Vous y chercherez des situations dans lesquelles l'anxiété vous a été utile. Par exemple, vous avez peut-être été trop craintif pour marcher sur un billot au-dessus d'un gouffre dangereux ; votre crainte des chiens vous a peut-être protégé d'une morsure ; ou la peur de répondre à un parent en colère vous a sans doute épargné une sévère punition.

Vous avez peut-être le sentiment que l'anxiété vous a fait plus de mal que de bien. Cela est peu probable ; après tout, vous avez survécu. En fait, vous vous rappelez probablement plus clairement les occasions où l'anxiété vous a desservi ou vous a causé des souffrances inutiles, et vous tenez sans doute pour acquis les occasions plus nombreuses où l'anxiété vous a protégé d'un danger ou d'une perte. Si vous savez reconnaître la valeur de l'anxiété, vous saurez composer avec elle avec plus de grâce, de confiance et de bonne humeur.

Naturellement, l'anxiété peut nous faire souffrir et bousiller nos projets et nos espoirs. Il est compréhensible que vous souhaitiez en être soulagé.

Certaines approches concernant l'anxiété maladive sont souvent paradoxales. Vouloir maîtriser l'anxiété ne sert qu'à l'intensifier. Essayer de ne pas y penser ne sert qu'à l'exacerber, tandis que choisir de ne pas la prendre trop au sérieux semble avoir des effets bénéfiques. Éviter les situations que l'on craint n'enraye pas la peur, même si celle-ci est irrationnelle. En revanche, apprivoiser lentement une situation redoutée fait graduellement diminuer l'anxiété. Essayer de repousser une crise de panique ne sert souvent qu'à la déclencher, tandis qu'*essayer* d'en affronter une a surtout pour effet de la prévenir.

Au lieu de vouloir être fort, faites l'essai d'approches différentes qui découlent des principes de la compassion, de l'attention et de la gratitude.

Les bonnes choses que j'ai peur de perdre

Reprenez votre cahier et dressez-y une liste des bonnes choses dans votre vie que vous êtes souvent anxieux de perdre. Inspirez-vous des points ci-dessous pour ce faire et ajoutez toute autre crainte qui vous est personnelle.

- Perdre mon emploi.
- Perdre le respect des autres.
- Perdre mes possessions.
- Perdre la vie.
- Perdre espoir pour moi-même.
- Perdre mon indépendance.
- Perdre la personne que j'aime.

- Perdre mes revenus.
- Perdre la santé.
- Perdre mes enfants.
- Perdre espoir pour les autres.
- Perdre le respect de moi-même.

Si vous êtes plutôt inquiet de nature, vous associez peut-être ces choses à l'anxiété et à la douleur. Quand on y pense bien, c'est un peu bizarre. Après tout, vous possédez encore ces choses et vous avez peu de chances de les perdre dans un avenir prévisible. J'ai déjà entendu quelqu'un dire : *« Ma vie a été une longue succession de catastrophes douloureuses, dont aucune ne s'est vraiment produite. »*

Passez quelques minutes à relire les points que vous avez cochés. Si vous commencez à ressentir de l'anxiété, repoussez-la doucement et appliquez-vous au contraire à ressentir de la gratitude pour chacun de ces points. Laissez monter la gratitude en vous jusqu'à ce que vous la sentiez forte, sincère et indéniable. Si vous le désirez, en réfléchissant à chaque point dites-vous : *« Même si j'ai peur de perdre cette chose, je la possède encore et je peux en jouir maintenant. »* Vous pouvez, si vous le voulez, ajouter : *« Si je la perds, je ne veux la perdre qu'une seule fois. »* Qu'arrive-t-il à l'anxiété ?

Voici ce qu'Alex, un lecteur, a écrit :

J'ai vraiment peur de perdre mon emploi ; j'ai peur que mon patron ne me trouve pas sympathique et que mon rendement ne soit pas suffisant. À ma connaissance, le patron me trouve sympathique et mon rendement est tout à fait correct. Je voulais un emploi comme celui-ci depuis longtemps. J'aime le revenu, le prestige, la respectabilité et les perspectives qu'il me procure. Je détesterais le perdre. Quand j'y pense, je me sens anxieux. Donc, conformément aux instructions, je repousse doucement l'anxiété et je me concentre plutôt sur la gratitude. Je trouve cela difficile, parce que ma réaction anxieuse est automatique. J'essaie de me rappeler combien je voulais cet emploi quand j'ai postulé. Cela m'aide. J'essaie d'imaginer ma déception si je venais à le perdre. Cela m'aide à me rappeler à quel point j'aime mon emploi. Je m'imagine me levant joyeusement le matin pour aller travailler. Voilà, maintenant je ressens de la gratitude.

Mon anxiété ne disparaît pas instantanément parce que je ressens de la gratitude. J'éprouve plutôt une sorte de mélange de gratitude et d'anxiété qui me laisse avec un sentiment plus agréable, mais empreint de prudence. Cela me rappelle les fois où j'empruntais les lunettes d'approche de mon père quand j'étais enfant. J'aimais regarder avec ces lunettes, mais j'avais une peur bleue de les échapper. Je les utilisais donc avec soin et avec plaisir.

Au lieu de considérer l'anxiété comme une maladie ou une faiblesse, essayez de la voir comme un excès d'une bonne chose.

Faites l'exercice suivant, qui consiste à écrire dans votre cahier vos réflexions sur l'anxiété et la gratitude à partir des pistes suivantes :

- Ma crainte ;
- La perte que je redoute ;
- Ma gratitude pour l'objet que j'ai peur de perdre ;
- L'aide que m'apporte ma peur ;
- La gratitude que j'éprouve pour ma peur ;
- Quand ma peur est un excès d'une bonne chose ;

Margot a écrit ce qui suit:

- Ma crainte:

  J'ai peur de ne pas trouver un emploi ou de trouver un emploi que je n'aime vraiment pas ou pour lequel je suis incompétente.

- La perte que je redoute:

  La perte de la sécurité financière, du respect de mon mari et du temps que je passe avec les enfants.

- Ma gratitude pour l'objet que j'ai peur de perdre:

  Mon mari est merveilleux et il m'encourage beaucoup. Je suis une mère au foyer depuis 10 ans, chose que beaucoup de femmes aimeraient pouvoir se permettre.

- L'aide que m'apporte ma peur:

  Je me prépare efficacement à mes nouvelles occupations et je cherche un emploi avec diligence.

- La gratitude que j'éprouve pour ma peur:

  Sans ma peur, je ne serais pas une personne très ambitieuse; je pourrais reporter ces tâches indéfiniment.

- Quand ma peur est un excès d'une bonne chose:

  Quand je me sens malade de peur et paralysée par l'anxiété, c'est trop.

Lorsque vous êtes anxieux, au lieu de faire le brave et de jouer au dur, parlez à votre anxiété comme s'il s'agissait d'une personne. Remerciez-la de faire son travail, tout en lui demandant de mettre la pédale douce.

Imaginons par exemple que Margot se rend à une entrevue. Elle convoite l'emploi, mais a peur de ne pas avoir les compétences requises et de se couvrir de ridicule. Voici ce qu'elle dit à son anxiété :

> *Merci, mon anxiété, de me rappeler qu'il est important pour moi, à ce tournant de ma vie, de travailler pour gagner de l'argent. Merci de me rappeler que mes compétences sont rouillées et de m'encourager à prendre cette entrevue au sérieux. Tu fais tout ce que tu peux pour m'aider à survivre. En ce moment, je trouve que tu as fait de l'excellent travail et je promets de ne pas oublier ces choses importantes que tu m'as si gentiment rappelées. Si je les oublie, ne te gêne pas pour me les rappeler de nouveau, mais en ce moment, tu me les rappelles un peu trop. Laisse-moi respirer, je suis tellement nerveuse que je n'en peux plus.*

Combattre l'anxiété ressemble à faire du judo. On retourne la force de l'attaque de l'adversaire à son propre avantage. C'est la raison pour laquelle les bonnes méthodes de gestion de l'anxiété sont souvent paradoxales.

Composer avec l'anxiété grâce à l'attention

Le *Daodejing* (le Livre de la Voie et de la Vertu du taoïsme) dit que l'eau est ce qu'il y a de plus fort au monde parce qu'elle ne fait concurrence à rien ni à personne. Au contraire, elle « séjourne dans les basses terres que tous dédaignent ». Il s'agit d'une formulation poétique du principe de l'attention et elle suggère comment cette dernière peut soulager l'anxiété.

À ma connaissance, cet exercice a toujours marché. Je l'appelle l'exercice de l'eau, parce qu'en le faisant vous « séjournez dans les basses terres que tous dédaignent ». Autrement dit, la réussite consiste à vous laisser mariner dans votre propre anxiété. Cette technique exige du temps et de la détermination, mais elle est autrement sans douleur. Il s'agit d'un truc méconnu que peu de gens découvrent par eux-mêmes. Faites-en l'essai la prochaine fois que vous passerez la journée tendu et nerveux.

1. Organisez-vous pour avoir environ une heure de tranquillité et d'intimité. Étendez-vous sur un lit ou un canapé.

2. Ne mettez pas de musique, fermez le téléviseur et débranchez le téléphone.

3. N'essayez pas de faire quoi que ce soit, ni de vous détendre, ni surtout de faire des projets ou de résoudre des problèmes. Étendez-vous sans bouger.

4. Préparez-vous à ressentir une grande agitation. Au début, une minute vous paraîtra une heure. Vous aurez sans doute des envies irrésistibles de vous lever pour faire une chose qui vous semble soudainement très importante ou fascinante.

5. Vous serez peut-être envahi par de douloureuses vagues d'anxiété. Elles ne sont pas pires que l'anxiété que vous cherchez à fuir depuis le matin. Soyez passif comme un étang. Laissez les vagues d'anxiété vous traverser et disparaître. Parfois, vous ressentirez une grande paix, parfois c'est l'anxiété qui reviendra en force.

6. Prévoyez rester étendu passivement à ne rien faire pendant 30 à 45 minutes.

7. Au bout de 10 ou 15 minutes, vous remarquerez probablement que vous commencez à vous sentir plus calme. Rester étendu sans bouger vous semblera plus facile et plus agréable.

8. Au bout d'environ 20 minutes, vous ressentirez une certaine paix.

9. Au bout d'environ 30 minutes, vous commencerez à vous sentir somnolent. C'est bon signe. Les gens tendus et nerveux ne somnolent pas. Si vous somnolez de plus en plus et en avez le temps, faites une sieste. Autrement, continuez à vous reposer tranquillement et restez étendu jusqu'à ce que votre anxiété ait disparu.

Après avoir fait cet exercice, réfléchissez à son rapport avec le principe de l'attention. Pendant votre repos, vous êtes resté dans le moment présent au lieu de craindre des problèmes futurs. Vous n'avez pas été tenté de chasser votre anxiété. Vous vous êtes abstenu de considérer l'anxiété comme mauvaise ou indésirable parce que cela est inutile. Comme le dit le *Daodejing*, vous avez été fort parce que vous avez évité la compétition.

Vous pouvez modifier l'exercice précédent pour en faire un genre de méditation. Il devient alors plus rigoureux, mais aussi plus intéressant. Au lieu de rester étendu, asseyez-vous le dos droit dans une posture de méditation sur une chaise, un coussin ou un banc de méditation. Engagez-vous à faire de la méditation pendant au moins 40 minutes, même si vous vous sentez anxieux et mal à l'aise. Contrôlez votre respiration, utilisez votre mantra ou agissez comme vous le faites lors de vos séances de méditation habituelles.

Lorsque l'anxiété vous submerge, dites-vous : *«L'anxiété n'est qu'une sensation dans mon corps. Elle ne signifie pas que je suis en danger. Si je la laisse passer, elle passera. J'ai déjà été anxieuse et mon anxiété a toujours fini par se dissiper. »* Puis, poursuivez votre méditation. Vous pouvez aussi essayer d'observer vos sentiments d'anxiété – les sensations dans votre corps – avec respect et intérêt, sans faire d'effort pour les changer.

Cette méthode consiste à se retourner et à affronter le danger. S'enfuir ne fait qu'empirer la peur. En se retournant, on voit souvent un lâche où on croyait trouver un ogre.

Voici comment Jacques décrit cette expérience :

J'avais tellement peur que j'avais l'impression que j'allais pleurer, vomir et m'évanouir. J'avais commis quelques erreurs au travail. J'avais peur d'être congédié et de perdre ma réputation. J'avais peur de perdre ma carrière. La perspective de méditer m'attirait parce que j'espérais que la méditation me procure un soulagement immédiat. Ça n'a pas marché, bien entendu. Mon mal a empiré. Je devais déployer une sorte de force physique pour m'obliger à rester assis à peu près immobile. J'avais l'impression que la tête allait m'exploser et que j'allais mourir. De temps en temps, je me rendais compte que mon expérience n'était qu'une sensation, que rien de mal n'était en train de m'arriver. La peur est devenue de plus en plus intense et puis, soudainement, elle a complètement disparu comme une bulle de savon qui éclate, sans laisser de traces. Par la suite, mes pensées sont devenues plus calmes. Je me suis dit que j'avais fait une gaffe, que j'allais la réparer du mieux que je pouvais et espérer que tout aille bien. Que pouvais-je faire d'autre ?

Vous reconnaîtrez peut-être des similarités entre l'expérience de Jacques et une méthode bien connue de réduction de l'anxiété appelée «immersion». Une personne qui a peur des rats peut accepter d'être enfermée dans une pièce avec des rats (bien nourris et en santé) en liberté. Pendant environ 15 minutes, elle ressent de la panique. Puis, soudainement et sans effort, son cerveau se débarrasse de son anxiété et sa phobie est guérie. Inutile de dire que ce genre de méthode n'est pas souvent utilisé en clinique privée et qu'elle est plutôt impopulaire auprès des patients. Malgré tout, certaines personnes déterminées à résoudre leurs problèmes d'anxiété peuvent appliquer eux-mêmes ces principes, comme l'a fait Jacques. Naturellement, il faut faire preuve d'une prudence élémentaire.

Composer avec l'anxiété grâce à la compassion

Un grand nombre de nos pires craintes sont d'ordre social. Il n'est pas impossible que vous vous évanouissiez au théâtre un jour, que vous vomissiez en pleine foule, que vous ayez des flatulences dans un ascenseur, que vous bégayiez devant un auditoire ou que vous pleuriez de frayeur dans un avion. La plupart des gens redoutent ce genre d'incidents. Peut-être est-il bon que nous les redoutions, car ils nous rappellent d'être prudents. Mais certaines personnes ont tellement peur de ce genre d'incidents qu'elles finissent par éviter la plupart des situations où ils peuvent se produire. Elles se sentent aussi très anxieuses lors d'activités sociales qu'elles ne peuvent pas éviter. Se sentir ainsi est mauvais et inutile. Il est impossible pour quiconque de s'isoler au point où l'humiliation publique ne puisse plus jamais l'atteindre.

De telles peurs suggèrent un manque de compassion pour ses semblables. Plus précisément, elles présument qu'ils sont cruels et stupides. Un honnête citoyen n'a aucune chance de trouver grâce auprès des gens qui souffrent de ces peurs sociales et de leur prouver qu'il est bon, raisonnable, prêt à pardonner et à oublier.

D'après mon expérience, les patients qui souffrent de fortes peurs sociales tiennent pour acquis que tous les étrangers sont des brutes dangereuses et mesquines. C'est là une drôle de forme d'arrogance qui sous-entend : *« Je suis civilisé, paisible et poli, mais la plupart des gens ne le sont pas. »*

Essayez ceci : dans votre cahier, dressez une liste d'environ 20 personnes de votre connaissance. Choisissez n'importe qui – parents, amis, relations, collègues et ainsi de suite. Demandez-vous comment chaque personne réagirait dans les situations suivantes :

- Un passager dans un avion pleure de frayeur.
- Un étranger dans une ville semble perdu et affolé.
- Une personne vomit en public.
- Une personne s'évanouit apparemment sans raison au beau milieu d'une foule.

- Un étranger en proie à une crise de panique pleure et gémit dans un centre commercial.
- Un orateur nerveux bégaie.
- Un membre d'un auditoire est ridiculisé par un humoriste ou un hypnotiseur.
- Une personne rougit et transpire d'anxiété au cours d'une banale conversation.
- Un conducteur en proie à une crise de panique quitte l'autoroute à un endroit peu propice.

Vous reconnaîtrez probablement que chacune des personnes auxquelles vous pensez réagira de manière plutôt civilisée aux gaffes sociales des autres. Qui plus est, cela est vrai même des gens qui ne vous sont pas particulièrement sympathiques. Un passager terrorisé ou un homme qui vomit dans les buissons près du supermarché ne sont tout simplement pas très intéressants. Même une personne mesquine et méchante serait en peine de trouver une raison de les ridiculiser.

Tous les jours, toute la journée, j'écoute mes clients me raconter les événements les plus intimes et les plus privés de leur vie, certains à répétition, et je n'ai jamais entendu une seule histoire où une personne a été insultée, ridiculisée, intimidée, arrêtée ou enfermée dans un hôpital psychiatrique pour des choses semblables.

Si vous avez de grandes craintes sociales, vous avez probablement déjà été injuste envers des personnes ordinaires dans votre vie de tous les jours. Songez à changer d'attitude. Accordez-leur le bénéfice du doute jusqu'à preuve du contraire.

Si vous le voulez, dans votre cahier, vous pouvez rédiger et signer un contrat avec vous-même (voir le modèle ci-après).

CONTRAT PORTANT SUR LES PEURS SOCIALES

Je, _____ , reconnais que j'ai souvent présumé que les gens ordinaires étaient cruels, malpolis, hostiles, stupides ou dangereux. C'était un manque de gentillesse et de sagesse de ma part et cela m'a rendu inutilement anxieux.

À l'avenir, je ferai de mon mieux pour reconnaître que si la présence d'étrangers me déstabilise ou m'embarrasse, ceux-ci le remarqueront à peine, me répondront poliment et calmement ou m'offriront de l'aide, selon le problème qui se présente. Je présumerai aussi qu'ils resteront indifférents à toute particularité dans mon apparence.

Je me réserve le droit d'annuler le présent contrat si mon expérience démontre que les gens ordinaires sont aussi cruels, malpolis, hostiles, stupides et dangereux que je le pensais.

Signé : _____

Date : _____

Une autre façon de faire le lien entre l'anxiété et le principe de la compassion consiste à lire les pages 49 à 61, qui traitent de la compassion, et de retenir plus particulièrement les deux points suivants :

- Les désirs d'une personne ne sont ni plus ni moins importants que les désirs de toute autre personne.
- Tout le monde veut à peu près les mêmes choses (richesse, pouvoir et amour) pour à peu près les mêmes raisons. Aucune personne n'a jamais l'impression d'avoir reçu tout ce dont elle avait besoin ou tout ce qu'elle désirait. On a tous peur de perdre les bonnes choses que l'on a.

L'anxiété comporte un élément dépourvu de compassion parce que la personne qui en souffre souhaite implicitement éviter l'angoisse dont on doit tous nécessairement souffrir de temps à autre. Une personne anxieuse n'est pas méchante ou moralement inadéquate à cet égard, mais elle manque peut-être de sagesse.

Pour mieux saisir cette idée, pensez à une peur à laquelle vous aimeriez réfléchir.

Au besoin, pour que ce soit parfaitement clair, décrivez dans votre cahier la chose que vous avez peur de perdre.

Jacques a choisi la peur de perdre son emploi. Dans ce cas, ce qu'il a peur de perdre est son revenu et le prestige qui y est associé. Voyez comment votre crainte est plus ou moins universelle. Jacques a écrit ce qui suit :

J'imagine que peu de gens ont des emplois merveilleux garantis à vie. Les serfs et les esclaves avaient un emploi à vie, mais celui-ci n'était guère satisfaisant. Les choses changent. Les récessions vont et viennent. Les technologies et les industries changent, sans compter les guerres, les famines et les épidémies. Naturellement, je veux que ma vie soit la plus agréable et la moins compliquée possible. Comme tout le monde. Est-il possible que j'aie l'impression de mériter plus que les autres une vie confortable et peu compliquée ? Est-il possible que j'aie l'impression d'avoir besoin plus que les autres d'une vie confortable et peu compliquée ? C'est peut-être le cas. Je n'y avais jamais pensé avant.

En réfléchissant de cette façon, vous pourriez arriver à une conclusion évidente et pourtant peu familière. La voici :

Évidemment, je veux conserver toutes les bonnes choses que je possède déjà. *Évidemment,* j'ai envie d'avoir plus d'avantages et d'objets de luxe. *Évidemment,* je veux repousser la mort indéfiniment. Comme tout le monde. Mais la seule chose que je puisse faire est de vivre les journées comme elles se présentent, faire de mon mieux et voir ce qui arrive. C'est la seule option pour tout le monde. Évidemment, je connaîtrai des deuils, comme tout le monde, et certains seront plus douloureux que d'autres. Une fois que j'aurai reconnu que c'est la condition humaine qui le veut et que cela n'a rien à voir avec moi personnellement, j'aurai moins peur.

Ce qui précède peut sembler un exercice de logique superficiel et peu réconfortant. Si c'est le cas, essayez de le voir comme une affirmation. Lisez-le tout haut à plusieurs reprises. Lisez-le comme si vous y croyiez, en y mettant de l'émotion et de l'intonation. Si vous constatez que cela vous aide à atténuer votre peur, prenez l'habitude d'y réfléchir lorsque vous vivez un épisode d'anxiété.

Comme je l'ai mentionné à la fin du chapitre 8, le but ultime de savoir apprécier ce que l'on a est de vivre une vie aimante. En soi, la vie n'offre aucune garantie. Elle est faite de hasards et de coïncidences. La vie n'a aucun sens sans la mort, de la même manière que la nuit est incompréhensible sans le jour. On ne peut pas aimer pleinement la vie sans accepter sereinement son caractère aléatoire et sa finitude. En cultivant l'amour de la vie, de toutes les façons décrites dans le présent ouvrage, on peut perdre une grande part de sa peur des aléas de la vie, incluant la mort. Si ce discours vous semble trop étrange ou trop abstrait, imaginez-vous après la mort, conscient, mais complètement et à jamais retiré de la vie normale. Vous souhaiteriez peut-être revivre votre vie normale pour une journée ou même une heure. Les peurs qui vous tourmentent normalement – peur de la solitude, de l'humiliation, des araignées ou de la mort – ne sont rien comparées à la joie de quelques minutes de plus d'existence ordinaire.

Chapitre 11

La colère et le ressentiment

Ce chapitre traite de colère ou d'hostilité véritables, qu'elles soient réprimées ou exprimées en paroles ou en gestes. Il ne s'adresse pas à tout le monde. Est-il pour vous ? L'auto-évaluation des pages suivantes vous aidera à le décider.

Je ne peux pas vous dire si vos réponses sont supérieures ou inférieures à la moyenne, mais vous pouvez facilement le découvrir par vous-même : trouvez trois personnes que vous considérez comme sages, gentilles et heureuses. Posez-leur les mêmes questions. En quoi leurs réponses diffèrent-elles des vôtres ? Vous pourriez peut-être leur demander d'évaluer vos réponses à ce test. Si vous êtes manifestement plus souvent en colère que les personnes choisies, vous voudrez peut-être porter une attention plus particulière au présent chapitre. Si vos réactions montrent clairement que vous vous empoisonnez la vie à force de colère et de ressentiment inutiles, ce chapitre pourrait vous aider.

La colère de tous les jours ne révèle à peu près rien sur les incidents qui semblent la déclencher, mais tout sur la personne qui s'y laisse aller. Par exemple, deux amateurs de football appuient la même équipe avec la même exubérance. L'un d'entre eux devient enragé à cause d'une possible erreur de l'entraîneur. L'autre en rit et présume que l'entraîneur sait ce qu'il fait. Si l'amateur enragé est vraiment en colère, il peut même s'offusquer de la complaisance de son ami, l'accusant de faiblesse et de stupidité.

Le public réagit de la même façon. Une année, tout le monde a peur des abus de pouvoir du ministère du Revenu; l'année suivante, la foule crie son indignation contre une fraude de l'aide sociale; l'année d'après, le peuple pourfend les gens qui cachent des revenus au fisc. Une moralité sexuelle qui semblait scandaleuse à une époque devient acceptable ou même désirable à une autre.

Quand on envisage la colère et l'hostilité de cette façon, il devient rapidement évident qu'il n'y a pas de quoi se mettre en colère.

Maintenant, répondez aux questions ci-dessous en notant vos réponses dans votre cahier, indiquant si cela vous arrive rarement, à l'occasion, souvent ou très souvent. Ce questionnaire vous aidera à évaluer si ce chapitre est pour vous et, s'il l'est, à prendre plus tard le pouls de votre cheminement.

ÉVALUATION DE MA COLÈRE

1. Les autres craignent-ils que vous ne les ridiculisiez ou ne les taquiniez?
2. Les autres redoutent-ils vos critiques et vos sarcasmes?
3. Les autres se sentent-ils physiquement intimidés par vous?
4. Les autres vous considèrent-ils comme étant hostile, amer ou soupçonneux?
5. Blâmez-vous ou critiquez-vous ouvertement les autres?
6. Vous surprenez-vous à répéter les choses désagréables que vous aimeriez dire aux étrangers qui vous embêtent?
7. Rêvez-vous de plans pour vous venger de certaines personnes ou de certains groupes?
8. Avez-vous des querelles violentes?
9. Vous arrive-t-il de vous endormir ou de vous réveiller en colère?
10. Utilisez-vous des manœuvres pour « punir » les automobilistes qui vous suivent de trop près ou qui conduisent trop lentement?
11. Êtes-vous convaincu de la stupidité ou de la malhonnêteté des autorités publiques?

12. Vous sentez-vous outré des infractions mineures à la civilité ?

13. Rêvez-vous à la façon de vous venger d'une personne qui vous a fait du tort ?

14. Faites-vous des efforts particuliers pour vous venger des personnes qui vous ont fait du tort ?

15. Répétez-vous mentalement des confrontations avec les autres ?

Un commentaire sur l'affirmation de soi

Certaines personnes de tempérament débonnaire sont incapables de confronter les autres à moins d'être en colère. La colère stimule le courage dont elles ont besoin pour surmonter leur peur de l'affrontement. Ce genre de personnes ne survivraient peut être pas si elles n'explosaient pas de temps en temps. Mais ce n'est pas une stratégie idéale. Les confrontations violentes mettent les autres sur la défensive, ce qui les rend entêtés ou provoque des représailles. L'expérience est douloureuse et peut être embarrassante pour la personne qui cède à la colère.

S'il le faut absolument, on doit confronter les gens d'une manière calme et raisonnable *avant* d'être en proie à la colère. L'apprentissage de l'affirmation de soi peut aider les personnes trop débonnaires à le faire. Ce sujet déborde le cadre du présent ouvrage, mais il existe d'excellents livres qui pourront vous aider. Les séminaires éducatifs et la psychothérapie peuvent aussi être utiles.

Composer avec la colère grâce à la compassion, à l'attention et à la gratitude

La colère est souvent involontaire. Combien de fois avez-vous pensé : « *Cette fois-ci, je ne me mettrai pas en colère. Cette fois-ci, je vais rester calme et prendre tout cela en riant.* » Parfois on y arrive, mais c'est souvent peine perdue. Le manque de maîtrise de soi d'une personne en colère est l'un des sujets de dérision les plus exploités dans les séries télévisées et les films. Il peut être drôle de regarder un personnage se couvrir de ridicule en faisant une colère monstre pour des broutilles, surtout s'il s'est promis plusieurs fois qu'il conserverait son calme. Mais dans la vraie vie, ce n'est pas drôle du tout. Des gens finissent en prison et d'autres sont blessés, des mariages sont ruinés et des enfants sont maltraités pour ce genre de chose.

Heureusement, les sentiments involontaires, la colère incluse, peuvent être modifiés et même éliminés. À elle seule, la volonté ne suffit pas. On ne décide pas simplement d'aimer une personne qu'on ne peut pas sentir. Les principes de la compassion, de l'attention et de la gratitude sont des méthodes qui peuvent vous aider à maîtriser indirectement des sentiments de colère qui seraient autrement involontaires.

Pour atténuer ou éliminer vos sentiments de vaine colère, vous devez vous préparer avant de vous mettre dans une situation qui vous fera exploser. Mais il faut pour cela que vous ayez une idée de ce que votre colère sera. L'inventaire qui suit vous sera très utile à cette fin. Par la suite, je traiterai de méthodes particulières, qui sont toutes dérivées des principes de la compassion, de l'attention et de la gratitude.

Évaluez votre seuil de tolérance à la colère vis-à-vis des événements de tous les jours. Pour chacun d'eux, notez si votre sensibilité est élevée, moyenne ou faible. En revenant à ce tableau ultérieurement, vous pourrez faire le point sur votre cheminement et voir si votre sensibilité a changé.

MON SEUIL DE TOLÉRANCE À LA COLÈRE

Point	Exemples
1. Erreur de conduite automobile	Changements de voie dangereux, talonnage.
2. Stupidité d'une autre personne	Un parent fait souvent des remarques stupides au sujet des nouvelles. Un conjoint a de la difficulté à exprimer succinctement et clairement ses idées.
3. Attitude défensive et entêtement	Un collègue de travail refuse de discuter d'un problème de sécurité qui vous concerne.
4. Honnêtes divergences d'opinion	Une personne est en désaccord avec vous sur le système d'autobus scolaires, le fisc ou l'avortement.
5. Condescendance et insensibilité	Votre médecin vous parle comme si vous étiez un être inférieur.
6. Erreurs de bonne foi	Votre banque perd un de vos dépôts et vos chèques sont retournés. Votre adolescent perd la seule clé du garage.
7. Impolitesse et manque d'égards	Des étrangers parlent au cinéma. Les membres de votre famille changent de poste de télévision sans vous consulter.
8. Taquineries	Une personne se moque de votre tonsure ou de vos petits seins.
9. Blâmes et critiques injustes	Le patron vous fait porter le blâme d'une baisse de production, alors qu'il sait très bien que cela n'a rien à voir avec vous.
10. Vulgarité	Dans une soirée, quelqu'un raconte une blague de mauvais goût que personne ne veut entendre.
11. Inconvénients mineurs	Les trois personnes devant vous dans la file au supermarché ont chacune un panier plein et payent avec des chèques.
12. Promesses non tenues et mensonges	Votre mari promet de laisser la pellicule photo à la pharmacie et il «oublie». Vous le saviez. Votre enfant vous ment et vous dit qu'il n'a pas de devoirs.
13. Colère contre vos enfants	Il leur arrive de vous répondre impoliment, de vous interrompre ou de vous contredire.
14. Colère au nom de tierces parties innocentes	Le crime, la destruction de l'environnement et les guerres inutiles.
15. Stupidité d'une institution	Les lois et les politiques stupides d'une société.
16. Promesses non tenues et mensonges de la part des institutions	La publicité trompeuse et les contrats malhonnêtes.
17. Colère envers le grand public	L'élection d'un candidat détestable. L'apathie au sujet d'une question importante.

Prenez maintenant le temps de réfléchir. Choisissez dans les éléments du tableau précédent un point qui vous met particulièrement en colère et écrivez-le dans votre cahier. Ensuite répondez aux questions suivantes :

- Cette forme de colère m'est-elle profitable et dans quelle mesure ?
- Cette forme de colère m'est-elle dommageable et dans quelle mesure ?
- Cette forme de colère me rend-elle détestable aux yeux des autres et dans quelle mesure ?
- Cette forme de colère augmente-t-elle ou diminue-t-elle ma qualité de vie ?
- Cette forme de colère est-elle dure pour mon corps ?
- Si je pouvais cesser, comme par magie, d'être en colère à ce sujet, comment ma vie en serait-elle transformée ?
- Quels sentiments ou émotions cette réflexion a-t-elle suscités en moi ?

Voici ce que cette réflexion a fait jaillir chez Charles :

J'ai choisi la « colère contre le grand public ». Je lis les journaux tous les matins et, tous les matins, je m'enrage. Des millions d'enfants innocents meurent ou souffrent de maladies qui pourraient être guéries si chacun donnait quelques cents. Pour une ligne consacrée à leur sujet, les peccadilles du président couvrent des pages. Je ne blâme pas les journalistes. Je blâme le public pour lequel les journalistes écrivent. Je me suis demandé quels étaient les effets positifs et négatifs de ce genre de colère sur moi-même et sur les autres. De toute évidence, elle a des effets négatifs sur moi. Elle nuit à ma santé et me gâche littéralement la vie. Parfois, je me mets dans un état tel que je suis désagréable avec les gens qui m'entourent. Entre-temps, ma colère n'accomplit rien de positif pour résoudre le problème. Peut-être ce problème n'a-t-il aucune solution ! Mais ce n'est pas la seule chose qui me mette en colère ; en fait, il y en a

plusieurs. La même remarque s'applique aux autres choses qui
me mettent en colère. Plus j'y réfléchis, plus je regrette d'être
aussi porté à me mettre en colère.

Les gens me rappellent souvent qu'une certaine dose de colère semble justifiée ou même nécessaire. En outre, on me demande à quoi ça sert d'éprouver de la compassion pour un psychopathe violent qui représentera toujours un danger pour les innocents tant qu'il ne sera pas mort ou incarcéré à vie. Ces préoccupations sont tellement profondes et répandues que je dois m'y arrêter avant d'entreprendre une discussion sur la compassion.

La colère peut parfois être une émotion utile. Elle contribue manifestement à la survie de la race humaine et de nombreuses espèces animales. Le problème qui me préoccupe est celui de la colère qui fait trop souvent plus de mal que de bien.

Que la colère soit ou non justifiée n'a pas d'importance. Quand on est en colère, on se sent toujours justifié de l'être. En fait, c'est là une partie intrinsèque de la colère. Sans doute le suisse se sent-il justifié de crier après un chien et un chien se sent-il justifié de chasser un autre chien de son territoire.

La véritable question est la suivante : pourquoi devrait-on se donner la peine de pratiquer la compassion envers des gens mauvais ?

Certaines personnes religieuses ou des humanistes laïques et des idéalistes croient que nous pouvons transformer nos ennemis en des personnes justes et décentes par le pouvoir de notre compassion. Ce serait merveilleux mais je n'y crois pas personnellement. Je suis plutôt enclin à répondre comme suit. Des colères fréquentes et intenses nuisent à ma santé, à mon jugement et à ma qualité de vie. Mes relations tournent souvent au vinaigre, même si je ne suis pas vraiment en colère contre les gens. La haine, qui n'est rien d'autre que le prolongement de la colère, a le même effet. De plus, si je me mets régulièrement en colère contre des célébrités que je n'ai jamais rencontrées et qui sont même parfois déjà mortes, je prendrai l'habitude d'être en colère ou haineux. Malheureusement, il est trop facile de perdre tout contrôle sur cette vilaine habitude. Regardez tous les gens en colère ou haineux autour de vous. Si je veux que le monde soit un endroit plus civilisé et plus aimant, la moindre des choses est de donner l'exemple. Il m'arrivera sans doute à l'occasion de me mettre involontairement en colère. Mais la décision de l'exprimer ou non et la façon de le faire sont une question de jugement. La durée et l'intensité de ma colère dépendent de mes habitudes de pensée.

Y a-t-il des gens qui méritent qu'on se mette en colère contre elles ? Si la colère ne fait de bien à personne et nuit à la personne qui la ressent, à quoi sert-elle ? La colère de la plupart des gens contre les terroristes rend-elle le monde meilleur ? En quoi rachète-t-elle le mal qu'ils ont fait ? Leur haine fait-elle d'eux de meilleures personnes ? Détester Adolf Hitler, McCarthy ou les bourreaux de Salem est encore plus inutile puisqu'ils sont tous morts.

Mais comment les habitudes de pensée empreintes de compassion transforment-elles la colère et l'hostilité ? L'exercice qui suit vous montrera ce qui arrive lorsque vous êtes en colère et que vous pratiquez la compassion. Dans votre cahier, commencez par faire un inventaire partiel des personnes qui vous mettent souvent en colère, notamment les personnes que vous n'aimez pas, celles pour lesquelles vous éprouvez du ressentiment ou même que vous haïssez. Confinez-vous à des gens que vous connaissez vraiment. Les personnages historiques ou les figures politiques ont aussi besoin de compassion, mais ils présentent des problèmes différents.

Maintenant, choisissez une personne dans votre liste. Cochez le nom de cette personne. Réfléchissez aux pensées habituelles qui vous mettent en colère contre elle. (Pensez à la rage, à la haine, à l'irritation, à l'envie, à l'hostilité ou aux autres variantes de la colère que vous ressentez alors.) Concentrez-vous plus particulièrement sur les pensées dénuées de compassion que vous entretenez envers cette personne mais, dans le doute, ne cherchez pas trop à déterminer si vos habitudes de pensée concernant la colère sont particulièrement dénuées de compassion.

Veronica a choisi dans sa liste un collègue de travail nommé Jean. Elle a écrit ceci :

> *Jean et moi travaillons dans le même bureau depuis 15 ans. C'est un petit bureau, si bien que même si nous ne nous parlons pas souvent, nous nous connaissons assez bien. Il n'y a pas moyen de s'éviter ! Jean ne cherche pas à être désagréable ou difficile. À ma connaissance, il a bon caractère et il est facile à vivre. Pourtant, il se donne rarement la peine de me saluer et semble éviter d'entrer en conversation avec moi. Tous les jours, à 12 h 10 exactement, je le vois partir déjeuner. Il ne me demande jamais de l'accompagner, même si nous sortons au même moment. Il me parle volontiers, mais seulement si j'en prends l'initiative. À d'autres moments, il semble ennuyé et impatient quand je lui parle, comme si son temps était trop précieux pour qu'il me consacre quelques minutes. Si j'attendais qu'il s'adresse à moi en premier, je pourrais attendre jusqu'à la fin des temps. C'est d'autant plus irritant qu'il gagne beaucoup plus d'argent que moi et jouit d'un plus grand prestige sur le plan professionnel. Je me demande honnêtement s'il se donnerait la peine de m'avertir si l'immeuble était en train de brûler. Non, j'exagère peut-être un peu. Je passe la moitié du temps à me demander ce que j'ai fait pour l'offenser et l'autre moitié à rager contre son indifférence et son égoïsme.*

Veronica a résumé ses habitudes de pensée empreintes de colère et dénuées de compassion au sujet de Jean dans la colonne de droite du tableau qui suit. Dans la colonne du milieu, elle a remis en question ses habitudes de pensée peu charitables et, dans la colonne de droite, elle a formulé de nouvelles pensées qu'elle souhaite transformer en habitudes.

Sentiments de colère au sujet de Jean	Remise en question	Nouvelles attitudes em-preintes de compassion
Il doit se penser meilleur que les autres. J'aimerais lui donner une leçon une bonne fois.	Il ne dit jamais rien de hautain ni d'arrogant. Il ne s'obstine jamais. Il est simplement silencieux et réservé.	Je pense qu'il est tout simplement un homme tranquille qui ne parle pas beaucoup. Si ça ne me plaît pas, c'est mon problème.
Quelqu'un devrait lui dire à quel point il est égoïste et insensible.	Je doute qu'il fasse exprès pour paraître égoïste et insensible. Je doute qu'il change. À quoi cela sert-il de me mettre en colère ?	Voir ci-dessus.
J'ai de la peine pour sa femme et sa famille. Quel mufle !	C'est de la mesquinerie de ma part. Sa femme a l'air de l'aimer et ses enfants ne semblent pas en colère contre lui. Je ne fais que nourrir ma colère en pensant de cette façon.	J'espère que sa famille et lui sont heureux et que les membres de sa famille apprécient ses nombreuses qualités et vice versa.
Il est passif, secret, ennuyeux et lent. Il semble incapable de converser normalement. Quel empoté !	Il a le droit d'être silencieux, lent et réservé s'il le veut.	Il répond honnêtement quand on lui pose une question. Il n'essaie pas de manipuler ou de tromper qui que ce soit. Cela est admirable.
Il n'a pas le droit d'être aussi indifférent.	Il a probablement envie de faire son travail et de rentrer à la maison. Il a peut-être des problèmes dont je ne suis pas au courant.	Il a le droit d'être comme il est au même titre que moi.
Sa réputation de bon gars est entièrement imméritée.	Il n'est pas mon genre, mais cela n'en fait pas une mauvaise personne.	Il n'est pas méchant. Son indifférence n'est teintée d'aucune malice.
Il me rejette injustement. J'ai toujours été gentille avec lui, je lui ai même fait des faveurs. C'est injuste !	Si je lui demandais une faveur, il me la rendrait probablement. Il n'a jamais été grossier avec moi.	Voilà où j'en suis : je le déteste et je me mets en colère parce qu'il pourrait me détester. Quelle folie ! De toute façon, il n'est pas obligé de m'aimer.

Après avoir fait cet exercice, Veronica a écrit ceci:

Eh bien, je me sens mieux. Je ne suis plus en colère, mais je suis triste. J'aimerais que les gens soient capables de plus de chaleur, de générosité et de confiance les uns envers les autres. Mais c'est ma personnalité. Les gens comme Jean se sentent probablement envahis lorsqu'ils jugent leurs contacts sociaux excessifs. Peut-être Jean est-il simplement prudent et peut-être veut-il rester à l'écart des petites magouilles du bureau. Il y en a, je le sais. Je ne m'offusque plus quand il passe près de moi sans s'arrêter pour faire la causette. Je me dis plutôt qu'il est comme ça, que c'est sa personnalité. Grand bien lui fasse! Je me rappelle qu'il est un homme honnête qui fait son travail de son mieux.

Prenez votre cahier et répétez maintenant la même séquence que Veronica au sujet d'une personne de votre liste de gens qui vous mettent en colère. Dans la colonne de gauche de votre tableau, notez les sentiments de colère que vous éprouvez envers cette personne. Dans la colonne du milieu, écrivez des façons de remettre ces pensées en question et, dans la colonne de droite, rédigez des pensées plus généreuses. Écrivez ensuite comment vos sentiments envers cette personne se sont transformés.

Répétez l'exercice pour les autres personnes qui vous mettent en colère.

La pratique de l'attention quand on est en colère

« Je n'endurerai pas cela! » Voilà une habitude de pensée fondamentalement inutile, vaine et dénuée d'attention. C'est aussi une habitude empreinte de colère.

Si une personne innocente était victime de sévices, je réagirais peut-être de manière agressive pour y mettre fin, mais je n'ai pas besoin de penser : *« Je n'endurerai pas cela. »* Il suffit de me dire : *« J'aiderai cette personne si j'en suis capable. »*

Si je devenais conscient d'un problème social qui, à mon avis, peut et doit être résolu, je pourrais prendre des mesures énergiques. Je pourrais essayer de convaincre les autres de l'urgence de la situation. Je pourrais ne pas mâcher mes mots, mais je ne penserais pas : je n'endurerai pas cela.

« Je n'endurerai pas cela ! » est une expression d'indignation morale. Celle-ci peut parfois paraître admirable, mais on peut aussi l'exploiter à des fins politiques ou l'utiliser pour donner du piquant à un discours ou à une campagne politique autrement terne. Pourtant, en dernière analyse, j'estime que l'indignation morale est inutile et même souvent nuisible. Certaines personnes opposées à la guerre du Viêt-nam étaient à ce point indignées qu'elles étaient prêtes à prendre le risque de se battre contre les policiers lors de manifestations en faveur de la paix. Cette attitude leur valait l'admiration de leurs camarades. Pourtant, c'est la même indignation qui pousse les gens à poser des bombes à proximité des cliniques d'avortement. L'indignation morale, sincère bien que mal dirigée, pousse les Israéliens à attaquer les Palestiniens et les Palestiniens à attaquer Israël. Je pourrais vous rappeler de nombreux exemples en Irlande du Nord, en Afrique, en Bosnie et ailleurs. Lorsque des gens animés d'indignation morale contraire s'affrontent, les conséquences sont désastreuses. En fait, j'ai découvert que l'indignation morale est un sentiment stimulant à court terme, mais épuisant et démoralisant à long terme. Une fois qu'on commence à dresser la liste des choses qu'on n'endurera pas, on n'en finit jamais. L'injustice, la guerre, la violence criminelle et les autres phénomènes attristants ont toujours existé et ils ne sont pas près de disparaître. Il ne faut tomber ni dans la complaisance ni dans l'indignation.

S'il y a un problème qui vous dérange profondément, vous pouvez faire tout votre possible pour le corriger. Si vous n'y arrivez pas, vous pourrez au moins vous dire que vous avez fait tout en votre pouvoir pour aider, mais que cela n'a pas marché. C'est triste, mais loin d'être dévastateur.

Ce sont là des exemples extrêmes. En général, les problèmes qui font s'écrier « *Je n'endurerai pas cela !* » sont de petites contrariétés, comme des gens qui salissent la voie publique, des voisins malpolis, des parents décevants ou des conditions de travail désagréables. Vous pouvez transformer ces contrariétés en désagréments graves, du moins en pensée. En pratiquant le principe de l'attention, cependant, vous inversez cette séquence en reconsidérant des problèmes que vous aviez déclarés inacceptables. Après mûre réflexion, vous constatez que certains ne sont que des contrariétés banales. En conséquence, le monde commence à vous paraître plus agréable et vous devenez une personne de commerce plus agréable.

Pendant quelques jours, essayez de noter dans votre cahier les petites choses qui vous mettent en colère. Écrivez à quel moment et à quel endroit l'événement a eu lieu, qu'est-ce qui est arrivé au juste, et ce qui a particulièrement soulevé la colère en vous. Soyez honnête. Quand vous vous rendrez compte de l'insignifiance de la plupart de ces événements, vous aurez peut-être de la difficulté à l'admettre.

Si vous êtes comme la plupart des gens, vous découvrirez que vos sentiments de colère ressemblent en grande partie à ceux de Charles :

- *Je ne devrais pas avoir à endurer cela…*
- *Cette personne n'a pas le droit d'agir ainsi…*
- *J'en ai marre d'avoir à…*
- *Personne ne devrait pouvoir s'en tirer de cette façon…*
- *J'aimerais lui donner une bonne leçon…*
- *J'ai bien envie de lui dire ma façon de penser…*
- *Pourquoi Diane a-t-elle besoin d'être aussi désagréable ? Je ne peux pas le supporter.*
- *La stupidité de ce personnage politique est intolérable !*

Les solutions de rechange auxquelles Charles a pensé étaient plutôt répétitives et les vôtres le seront sans doute aussi. (Il n'y a pas de mal à cela. L'acquisition de nouvelles compétences demande toujours de la pratique.)

Charles a écrit ce qui suit :

Il n'y a aucune façon d'éliminer ou d'éviter complètement les gens qui jettent des ordures par terre, les commis impolis, les voisins indélicats, les mufles, les crottes de chien, les parents exigeants, les systèmes de traitement de la voix et les numéros d'assistance technique auxquels personne ne répond. Ce sont des choses normales et bien moins scandaleuses que je ne le crois. À bien y penser, il m'est aussi arrivé d'être un mauvais voisin et ma boîte vocale en a embêté plus d'un. J'ai le choix : je prends ce genre de choses avec le sourire ou je passe le restant de mes jours à m'enrager contre elles.

Essayez de signer un contrat avec vous-même concernant votre attitude face à la colère (voir le modèle ci-après).

Contrat portant sur la colère et l'irritation

Je, soussigné, _____ , reconnais qu'il est très peu probable que je réussisse à éviter toute source d'irritation et de frustration dans ma vie. Je dresse la liste des huit choses qui m'embêtent le plus souvent, mais mon contrat avec moi-même ne s'y limite pas.

_____   _____

_____   _____

_____   _____

_____   _____

Conformément à cette nouvelle entente, je ferai de mon mieux pour accepter ces choses avec humour, calme et sérénité ou je ferai des efforts constructifs pour améliorer la situation au meilleur de mon jugement et des occasions qui se présentent.

Signé : _____

Date : _____

Composer avec le ressentiment grâce à la gratitude

Le ressentiment est un sentiment apparemment insignifiant et pourtant puissant, qui domine la vie de beaucoup de gens et qu'aucun d'entre nous ne peut éviter complètement. La gratitude peut toutefois l'atténuer.

Le ressentiment se situe à mi-chemin entre la colère et l'envie. Lorsque j'éprouve du ressentiment, c'est habituellement parce que quelqu'un possède une chose que je convoite. J'estime que cette personne ne la mérite pas, alors que moi, qui la mérite, ne l'ai pas et n'ai aucun moyen de me la procurer.

Disons, par exemple, que ma petite amie me quitte même si je ne voulais pas la perdre. Elle fréquente maintenant quelqu'un d'autre. Je suis convaincu qu'elle sort avec l'autre parce qu'il lui a dit toutes sortes de calomnies à mon sujet, tout en lui faisant de fausses promesses. Mais elle ne veut pas en parler avec moi. Elle semble engagée avec lui. J'éprouve beaucoup de ressentiment envers cet homme.

La vie est pleine de déceptions et les bonnes choses ne sont pas réparties également. La possession légitime de ceci ou de cela est souvent discutable. Ma voiture m'appartient-elle de plein droit ou serait-il plus juste de dire que je la partage avec les gens qui n'ont pas les moyens d'en avoir une, bien malgré eux? Je peux avoir une opinion que ne partage pas un chômeur illettré qui vole des voitures. Les Brésiliens ont-ils le droit de brûler leur forêt tropicale s'ils le veulent? Le ressentiment est le résultat inévitable du désir universel de l'humain d'en avoir toujours plus, comme je l'ai expliqué au chapitre 4.

Malheureusement, la condition humaine veut que nous éprouvions de constants ressentiments à moins de faire des efforts délibérés et persistants pour pratiquer la gratitude. Pour chaque chose dans votre vie pour laquelle vous éprouvez du ressentiment, il y a un millier d'autres choses pour lesquelles vous pourriez éprouver de la gratitude, mais vous n'en éprouvez pas.

Voici une façon simple et efficace de composer avec cette situation. Faites l'inventaire des choses pour lesquelles vous éprouvez du ressentiment en les notant au fur et à mesure pendant quelques jours. Pour faire cet inventaire, vous devrez toujours avoir votre cahier sur vous. Autrement, vous ne vous rappellerez pas clairement le nombre de fois que vous avez éprouvé du ressentiment ou quels en étaient les objets. Le ressentiment est une facette de notre personnalité que nous préférons ignorer. Une fois que vous saurez quelles sont les choses pour lesquelles vous éprouvez le plus souvent du ressentiment, vous pourrez préparer leur antidote d'avance grâce à la répétition mentale.

À la page 82, j'ai cité Marc Aurèle qui a écrit : « Lorsque vous êtes outré par l'insolence de quelqu'un, demandez-vous tout de suite : "Le monde peut-il exister sans personnes insolentes ? Non. Alors ne demandez pas l'impossible." » Je pourrais ajouter que le monde ne pourrait pas exister sans les gens stupides, incompétents ou cruels, ou les gens bien intentionnés, mais mal avisés. Ce sont en général les gens qui nous mettent le plus en colère. Sachant que nous n'en serons jamais débarrassés, nous pouvons essayer de cultiver la sérénité et nous libérer du fléau de la colère, du moins une partie du temps. Bien entendu, il pourrait exister une planète habitée uniquement par des gens intelligents et d'où l'insolence, l'incompétence et la stupidité seraient absentes. Mais ce ne serait pas notre planète. Peut-être leur paraîtrions-nous étranges au point de provoquer leur colère. Il est préférable d'aimer la vie telle qu'elle est sur notre bonne vieille Terre.

Une fois que vous aurez pris en note vos ressentiments pendant quelques jours, relevez ceux qui sont les plus fréquents et, pour chacun d'eux, écrivez une idée empreinte de gratitude en contrepartie. Cette idée sera d'autant plus facile à retenir si elle a quelque chose à voir avec l'objet du ressentiment, mais ce n'est pas essentiel. Quand ils sont sincères, presque tous les sentiments de gratitude réussissent à contrebalancer un large éventail de ressentiments.

Chapitre 12

La culpabilité
et la haine de soi

La plupart des gens souffrent de culpabilité et éprouvent de la haine envers eux-mêmes de temps en temps. Les personnes qui n'éprouvent jamais de tels sentiments semblent pour leur part incapables d'éprouver aussi de véritables sentiments d'amour, de loyauté et d'honnêteté. Elles ont une vie tragique et font souvent du tort à des innocents et à leurs proches. Par conséquent, nous pouvons raisonnablement être reconnaissants d'éprouver parfois des sentiments de culpabilité et de haine envers nous-mêmes.

Comme d'autres sentiments, la culpabilité et la haine de soi font parfois plus de tort que de bien. Lorsque ces sentiments sont très intenses et persistants, ils deviennent insupportablement douloureux. Certaines personnes vont même jusqu'à se suicider parce qu'elles ne peuvent plus les endurer. Bon nombre de gens vivent à un moment ou à un autre de leur vie une période de culpabilité ou de haine de soi intense, parfois pour aucune raison particulière. Les plus infortunés gaspillent souvent une bonne partie de leur vie à souffrir de cette façon. Si vous traversez une période où vous vous sentez assailli par des sentiments de culpabilité et de haine envers vous-même qui vous minent et menacent de persister, ce chapitre peut vous être utile. Il peut aussi vous aider si vous êtes tourmenté depuis longtemps par ces sentiments.

Une auto-évaluation est une excellente façon de commencer. Les deux auto-évaluations qui suivent constitueront la base du reste du travail de ce chapitre. Pour que tout soit bien clair, j'évaluerai la culpabilité et la haine de soi séparément, même s'il s'agit de sentiments liés. La culpabilité s'accompagne généralement de remords d'avoir mal agi ou de ne pas avoir fait ce qu'on aurait dû faire, ce qu'on appelle une « erreur d'omission ». La haine de soi découle généralement du sentiment d'avoir de graves défauts ou d'être dépourvu de qualités importantes.

Maintenant que vous connaissez le problème, vous pouvez commencer à travailler à le résoudre. Montrez-vous aussi patient, courageux et optimiste que vous le pouvez. Les exercices qui suivent peuvent être bouleversants ou douloureux. S'ils vous perturbent trop, mettez-les de côté pendant quelques jours et revenez-y lorsque vous aurez retrouvé votre calme.

Dans votre cahier, à l'aide d'un tableau comme celui ci-après, dressez la liste des choses que vous vous sentez le plus coupable de faire ou d'omettre. Ne réfléchissez pas trop. Notez-les simplement comme elles vous viennent à l'esprit. Tentez également d'évaluer l'intensité de la culpabilité que vous éprouvez à l'égard de chaque chose. Utilisez vos propres mots, par exemple, « Très forte », « Forte », « Faible » « Très faible », et écrivez depuis combien de temps (peut-être des années) vous vous culpabilisez ainsi.

Refaites maintenant l'exercice concernant la haine de soi. Dressez la liste des défauts qui vous font vous haïr ou des qualités que vous ne vous pardonnez pas de ne pas avoir. Ici encore, ne réfléchissez pas trop. Notez-les à mesure qu'ils vous viennent à l'esprit.

Objet de culpabilité (ou de haine)	Intensité	Durée

Composer avec la culpabilité
grâce à la compassion

Vous sentez-vous capable de compassion envers vous-même ? Les gens les plus susceptibles de se poser cette question ont généralement beaucoup de difficulté à composer avec la culpabilité et la haine de soi.

Nous pratiquons la compassion envers nos semblables et envers les autres choses vivantes, mais pas envers nous-mêmes. Nous pratiquons la compassion envers une personne sans nécessairement que celle-ci le sache, l'apprécie ou en profite. Nous pratiquons la compassion sans discrimination. Naturellement, si nous la pratiquons assidûment, les autres en retirent parfois des bienfaits, car elle nous porte à pardonner, au lieu de cultiver le ressentiment, à sourire et à plaisanter au lieu de critiquer. La compassion peut à l'occasion inspirer des actes profondément généreux ou héroïques. Certaines personnes croient même que la compassion envers autrui peut leur apporter et apporter aux autres des bienfaits surnaturels. Par exemple, la plupart des chrétiens pensent que la compassion peut les aider à accéder au ciel.

Même si vous dirigez votre compassion vers les autres, vous êtes la personne qui en bénéficie le plus. En évitant de blâmer et de critiquer les autres, en les haïssant moins, en leur pardonnant davantage, en souriant et en plaisantant plus souvent, vous améliorez votre qualité de vie. En général, vous améliorez aussi la qualité de vie des gens qui vous entourent, mais cela se produit d'une façon souvent imperceptible, en partie parce que l'effet est inconstant et imprévisible. Ne vous attendez pas à ce que les autres vous apprécient pour votre compassion. La plupart des gens seront trop absorbés par leurs propres préoccupations pour la remarquer.

En pratiquant la compassion envers les autres, vous prenez l'habitude de penser avec compassion. Par conséquent, vous serez moins porté à vous blâmer et à vous critiquer, et vous pourrez rire ou sourire plus facilement de vos propres erreurs. Vous vous haïrez moins ou vous cesserez carrément de vous haïr, si vous aviez du mal à composer avec ce problème. Bref, en manifestant de la compassion envers les autres, vous apprendrez à faire preuve de compassion envers vous-même.

Il est heureux que nous tirions profit de la pratique de la compassion. Si nous attendions des signes évidents que notre compassion fait du bien aux autres, nous nous découragerions et nous pourrions même cesser d'agir avec compassion. Si la compassion n'était qu'une question d'abnégation et de discipline personnelle, peu de gens se donneraient la peine de la manifester et le monde deviendrait insupportable.

Ironiquement, si vous pratiquiez la compassion uniquement dans votre propre intérêt, ça ne marcherait pas. La caractéristique essentielle de la compassion est de vous rendre conscient que vous n'êtes pas le centre de l'univers. Elle vous enseigne que tout le monde veut à peu près la même chose que vous, pour à peu près les mêmes raisons. Elle sous-entend de plus que personne, vous inclus, n'a droit plus qu'un autre à voir tous ses désirs satisfaits et que personne, vous inclus, ne mérite plus qu'un autre de souffrir.

Il y a une vieille plaisanterie sur les narcissiques. (Narcisse est le dieu grec qui est tombé amoureux de sa propre image reflétée dans l'eau d'une fontaine. Les narcissiques sont très imbus d'eux-mêmes.) Q. : Combien de narcissiques faut-il pour changer une ampoule ? R. : Seulement un. Il se pend à l'ampoule et le monde tourne autour de lui.

Comme nous n'aimons guère les narcissiques, nous oublions souvent à quel point ils sont malheureux. Le centre de l'univers n'est pas une adresse enviable, car nos désirs et nos chagrins deviennent alors trop intenses. Les deuils, les déceptions et les humiliations prennent des proportions gigantesques. En comprenant le problème du narcissique du point de vue de la compassion, nous devenons nous-mêmes moins narcissiques. En fait, la compassion peut être considérée comme du « contre-narcissisme ».

L'exercice de la page suivante évoque la compassion pour les autres d'une manière telle que vous aurez l'impression de ne plus être le centre de l'univers et, par conséquent, vous vous sentirez mieux dans votre peau.

Composer avec la culpabilité grâce à l'attention

Pour cet exercice, vous aurez besoin d'un endroit calme où vous isoler. Asseyez-vous confortablement ou mettez-vous en posture de méditation et revenez aux listes que vous avez dressées précédemment concernant la culpabilité et la haine de soi (voir page 140). Pour chaque objet de ces listes, suivez les instructions données ci-après. (Note : cet exercice vous demandera quelques minutes par objet. Si de nombreux objets vous inspirent des sentiments intenses, divisez cet exercice en plusieurs séances ne dépassant pas 20 minutes chacune. Reposez-vous au moins une heure ou deux entre les séances.)

- Prenez quelques secondes pour vous préparer. Pour ce faire, choisissez l'une des raisons pour lesquelles vous vous haïssez, puis dites-vous : « *Si* (nommez une personne que vous aimez) *avait le même défaut ou le même manque, je ne la condamnerais pas et je ne ressentirais pas de haine envers elle. Mes pensées empreintes de compassion envers elle seraient* (notez-les mentalement). *Ces pensées empreintes de compassion feraient probablement naître en moi les sentiments suivants :* (nommez-les mentalement). »

- Maintenant, pour chaque objet, dites quelque chose comme ceci (en parlant normalement ou en murmurant, si vous le préférez) : « *Depuis* (durée) *je ressens de la haine/ de la culpabilité* (intensité) *envers moi-même parce que* (raison). *Que ce soit bon ou mauvais et que j'aie raison ou non, cela fait partie de ma vie.* » Par exemple, « *Depuis 10 ans, je ressens des sentiments assez forts de haine envers moi-même parce que je n'ai pas fini l'université. Que ce soit bon ou mauvais et que j'aie raison ou non, cela fait partie de ma vie.* » Redites cette phrase sur un ton doux et sans reproche. Soyez tendre avec vous-même.

- Demandez-vous si vous avez réellement entendu ce que vous avez dit et si vous en avez ressenti la vérité. Si ce n'est pas le cas, répétez la même phrase une ou deux fois, lentement, et en observant ce que vous ressentez.

- Demandez-vous : *« Suis-je prêt à ressentir autre chose à ce sujet (raison) ?»* Par exemple : *« Suis-je prêt à ressentir autre chose que de la haine envers moi-même parce que je n'ai pas terminé l'université ?»* Prenez mentalement note de votre réponse. Peut-être vous surprendrez-vous à répondre à voix haute !

- Demandez-vous : *« Quelqu'un y perdrait-il si je commençais à éprouver autre chose que de la haine envers moi-même pour cette raison ?»* Par exemple : *« Quelqu'un y perdrait-il si je commençais à éprouver autre chose que de la haine envers moi-même parce que je n'ai pas fini l'université ?»* Pendant une minute ou deux, soyez à l'écoute de ce qui se passe en vous.

- Demandez-vous : *« Si je pouvais commencer à ressentir autre chose que de la haine envers moi-même (ou de la culpabilité) à ce sujet (situation), quel pourrait être cet autre sentiment ?»* Par exemple : *« Si je pouvais commencer à éprouver autre chose que de la haine envers moi-même parce que je n'ai pas terminé l'université, qu'est-ce que je pourrais ressentir à la place ? Est-ce que ce serait un sentiment d'acceptation, de sérénité, de pardon, d'ambition, de colère ou de tristesse ?»* Pendant une minute ou deux, soyez à l'écoute de ce qui se passe en vous.

- Notez dans votre cahier les pensées et les sentiments qui ont surgi en vous pendant cet exercice afin de pouvoir vous y reporter ultérieurement.

Angela a pris les notes suivantes après avoir fait cet exercice plusieurs fois :

La culpabilité contre laquelle je dois le plus lutter concerne ma mère. Pour des raisons familiales compliquées, elle vit

dans une maison pour retraités très loin d'ici. Il m'est diffi-
cile de m'y rendre et je n'ai pas les moyens d'y aller très sou-
vent. Je ressens continuellement d'horribles sentiments de
culpabilité de ne pas pouvoir y aller plus fréquemment. Je
travaille généralement très fort pour ne pas me sentir coupa-
ble, mais je me sens coupable quand même. Au début, regar-
der la culpabilité en face me semblait impossible, beaucoup
trop douloureux. Mais cela n'a été très douloureux que pen-
dant environ cinq minutes. Puis quelque chose s'est desserré
en moi. Je me suis dit que lorsque je mourrai, je regarderai
saint Pierre droit dans les yeux et je lui dirai que j'ai fait de
mon mieux. Après cela, ma culpabilité ne m'a plus semblé
aussi terrible. Lorsque je fais une crise de culpabilité, je
m'imagine en train de regarder saint Pierre et je retrouve
assez bien mon équilibre.

Cet exercice constitue un bon exemple de la façon dont le principe de l'attention peut devenir un outil de résolution de problèmes a la fois doux et sophistiqué. Trop essayer de résoudre un problème ne sert parfois qu'à l'empirer. Si vous examinez un problème avec douceur et patience et que vous le voyez tel qu'il est, sans faire quoi que ce soit pour essayer de le changer, vous constaterez peut-être qu'il semble progresser de lui-même. J'utilise le mot « progresser » parce que les problèmes disparaissent rarement soudainement. Si la haine de soi ou la culpabilité progresse pour se transformer en tristesse ou en ambition, c'est sans doute là un pas dans la bonne direction. Un problème qui n'évoluait pas depuis des années semble vouloir commencer à se transformer.

Les jugements de valeur superflus

Les gens se raccrochent parfois à la haine d'eux-mêmes qu'ils ressentent parce qu'ils s'imaginent que cette haine finira par les aider un jour à devenir le genre de personne qu'ils veulent être. Par exemple, une personne qui se sent triste parce qu'elle n'a pas fini l'université peut s'imaginer que si elle se hait suffisamment, elle finira un jour par terminer ses études. Inversement, elle peut s'imaginer que si elle cesse de se haïr, elle ne retournera jamais à l'université.

Ce genre de haine de soi est l'exemple parfait du jugement de valeur superflu, tel que nous l'avons vu au chapitre 6, qui traite du principe de l'attention. Un jugement de valeur qui n'apporte rien à personne et qui fait du mal est certainement superflu. Un jugement de valeur cruel est aussi superflu. Certaines formes de culpabilité peuvent représenter des jugements de valeur superflus, comme se sentir coupable d'avoir survécu à une tragédie dans laquelle d'autres personnes ont péri.

Voyez si vous pouvez reconsidérer certains de vos objets de culpabilité ou de haine envers vous-même en transcrivant et en complétant les phrases ci-dessous dans votre cahier.

- Depuis (durée) _____ , je me sens coupable/je me hais à cause de (objet)_____ parce que je pensais que cela m'aiderait à _____

- Je sais que ce genre de culpabilité ou de haine de moi-même ne m'est pas utile parce que : _____
  Jonathan a réagi de la façon suivante :

Depuis 11 ans, je me hais pour avoir mis Sheila enceinte si jeune parce que je pensais que cela m'aiderait à être un meilleur père pour Leilani. Je sais que ce genre de culpabilité ou de haine de moi-même ne m'est pas utile parce que j'adore Leilani. Je fais de mon mieux pour elle et je ferai toujours de mon mieux pour elle.

Composer avec la culpabilité
grâce à la gratitude

Aussi étrange que cela puisse paraître, il arrive que la culpabilité nous procure des bienfaits et qu'elle en procure aux autres, mais il faut pour cela qu'elle ne soit ni trop intense ni trop douloureuse. (Cela est plus rare dans le cas de la haine de soi.) Si vous luttez contre la culpabilité ou si vous la laissez vous perturber, elle peut prendre des proportions monstrueuses. Cependant, elle peut potentiellement vous être utile de certaines des façons suivantes :

- Elle vous rappelle de ne pas répéter une erreur deux fois.
- Elle vous rappelle de résister à une tentation qui vous a causé des problèmes dans le passé.
- Elle vous rappelle que vous devez réparer des torts, vous excuser et admettre votre erreur envers quelqu'un.
- Elle vous rappelle que vous avez fait une promesse que vous n'avez pas tenue.
- Elle vous rappelle que vos actes ne sont pas à la hauteur de vos propres principes moraux.
- Elle vous rappelle que vos actes ne sont pas à la hauteur des principes moraux d'une autre personne.

Dans tous les cas, sauf le dernier, vous pouvez retirer un avantage à vous laisser aller à la culpabilité ; vous pouvez l'apprécier au lieu d'être sur la défensive ou d'essayer de vous justifier.

Dans le dernier cas, si vous n'êtes pas à la hauteur des principes d'une autre personne, la culpabilité peut vous rappeler qu'il est temps que vous laissiez savoir à cette personne que vous ne voulez plus vous conformer à ses principes ou que vous en êtes honnêtement incapable.

Par conséquent, la culpabilité n'est pas nécessairement un problème ; en fait, elle peut parfois être une solution à un problème. Si vous êtes kleptomane, par exemple, vous vous sentez peut-être coupable lorsque vous avez envie de faire du vol à l'étalage. La culpabilité peut vous aider à vous souvenir des nombreuses conséquences douloureuses que cela peut avoir ou même du fait que vous croyez sincèrement qu'il est mal de voler. La culpabilité ne devient problématique que lorsqu'elle se transforme en haine de soi. Celle-ci est très rarement utile. Vous pouvez empêcher votre culpabilité de se transformer en haine envers vous-même en respectant vos sentiments modérés de culpabilité et en en étant reconnaissant.

Certains de vos objets de culpabilité peuvent probablement être reformulés comme dans les exemples ci-dessous. Adaptez les phrases suivantes, s'il y a lieu, pour écrire vos réflexions concernant vos propres objets de culpabilité.

Si ma culpabilité au sujet de (notez l'objet) _____
n'est pas trop intense, elle peut m'aider en me rappelant (de/de ne pas) _____ .

Je peux éprouver de la gratitude pour cette forme de culpabilité sans avoir besoin de me haïr.

Adélaïde a réagi de la façon suivante :

Si ma culpabilité d'avoir beaucoup consommé de drogues pendant mon adolescence n'est pas trop intense, elle peut m'aider en me rappelant de consommer de la marijuana et de l'alcool avec modération lorsque j'ai envie de faire des excès. Je peux éprouver de la gratitude pour cette forme de culpabilité sans avoir besoin de me haïr.

La haine de soi représente souvent une forme de cupidité ou d'envie inconsciente dont on a perdu le contrôle. Il est parfaitement naturel de désirer être séduisant. Il l'est tout autant de vouloir être intelligent, athlétique, dynamique, mince, charmant, prospère, instruit, élégant, heureux, influent, heureux en mariage et épanoui au travail. Pourtant, très peu de gens dans le monde peuvent espérer se distinguer par toutes ces qualités. (Les lecteurs doués pour les maths constateront que seule une personne sur 8000 serait au-dessus de la moyenne à tous ces égards si ces corrélations étaient faites.)

Il est naturel de désirer toutes ces qualités, mais très, très peu de gens les possèdent toutes. Certaines personnes prennent la mauvaise habitude de se mettre en colère et d'en vouloir au monde entier parce qu'il leur manque une qualité désirable qu'elles ne pourront jamais posséder. Or, si elles peuvent envier les autres ou leur en vouloir de posséder une qualité qu'elles désirent, elles peuvent aussi se blâmer elles-mêmes injustement de ne pas être extraordinaires.

Pour chacune des qualités désirables suivantes, essayez d'évaluer mentalement où vous vous situez par rapport à la moyenne.

Santé :	au-dessus	égal	en dessous
Beauté (visage) :	au-dessus	égal	en dessous
Beauté (silhouette) :	au-dessus	égal	en dessous
Aptitude pour les sports :	au-dessus	égal	en dessous
Intelligence :	au-dessus	égal	en dessous
Instruction :	au-dessus	égal	en dessous
Influence :	au-dessus	égal	en dessous
Richesse :	au-dessus	égal	en dessous
Dynamisme :	au-dessus	égal	en dessous
Élégance :	au-dessus	égal	en dessous
Charme :	au-dessus	égal	en dessous
Bonheur conjugal :	au-dessus	égal	en dessous
Épanouissement au travail :	au-dessus	égal	en dessous
Épanouissement parental :	au-dessus	égal	en dessous
Talents particuliers :	au-dessus	égal	en dessous

La plupart des gens seront au-dessus de la moyenne dans plusieurs catégories, dans la moyenne pour la plupart et en dessous de la moyenne dans quelques catégories seulement. Contrairement à ce que l'on pourrait croire, être au-dessus de la moyenne dans la plupart des catégories n'est pas une garantie de bonheur, pas plus qu'être en dessous de la moyenne dans la plupart des catégories ne condamne à être malheureux. Vos attentes sont plus importantes que la réalité de votre situation. Si vous éprouvez de la haine envers vous-même, il y a fort à parier que vous vous détestez parce que vous vous sentez en dessous de la moyenne dans certaines de ces catégories.

Alfonso a réagi comme suit:

Santé:	égal
Beauté (visage):	en dessous
Beauté (silhouette):	au-dessus
Aptitude pour les sports:	au-dessus
Intelligence:	égal
Instruction:	égal
Influence:	en dessous
Richesse:	au-dessus
Dynamisme:	en dessous
Élégance:	égal
Charme:	au-dessus
Bonheur conjugal:	égal
Épanouissement au travail:	au-dessus
Épanouissement parental:	en dessous
Talents particuliers:	en dessous

Alfonso possède de nombreuses qualités désirables. Il est au-dessus de la moyenne dans cinq catégories et il se compare à la moyenne dans cinq autres. Malheureusement, il est porté à se haïr. Il éprouve des sentiments de haine envers lui-même depuis de nombreuses années parce qu'il ne s'est distingué dans aucun domaine, qu'il n'est pas bel homme et qu'il n'a aucun talent particulier. (Par exemple, il aurait beaucoup aimé être doué pour le piano.) Lorsqu'il se sent malheureux, il se dit qu'il n'est qu'un affreux raté. Lorsqu'il est de très mauvaise humeur, il se hait même pour ses qualités désirables. Puis, il se dit que son charme montre à quel point il est superficiel, tandis que sa richesse n'illustre que sa chance idiote.

En somme, Alfonso estime qu'il devrait être au-dessus de la moyenne dans presque toutes les catégories et inférieur à la moyenne dans pratiquement aucune. Il lui semble injuste d'être affublé d'un drôle de visage, d'occuper un poste sans distinction et de ne pas avoir le moindre talent pour le piano. Cela ne signifie pas qu'Alfonso soit une mauvaise personne ou même une personne désagréable. Peut-être est-il une bien bonne personne en plus d'être gentil, et il reconnaît avoir du charme. Ce sentiment d'avoir droit à un meilleur lot ne fait souffrir que lui-même.

Des habitudes de pensée empreintes de gratitude constituent un antidote au sentiment d'avoir droit à un meilleur lot et, par conséquent, elles sont souvent utiles contre la haine de soi. Si Alfonso pouvait cultiver la gratitude pour ses nombreuses qualités, se réjouir de ses succès et de la vie confortable qu'il peut mener, il s'inquiéterait moins de son visage un peu drôle et de son manque de talent pour la musique.

À la page suivante, voyez le contrat que vous pourriez conclure avec vous-même. Commencez par faire des brouillons dans votre cahier jusqu'à ce que vous élaboriez la combinaison que vous aimez.

CONTRAT PORTANT SUR LA HAINE ENVERS SOI

Lorsque je commencerai à me haïr à cause de (remplissez le blanc), _____
_____ .

je me souviendrai de mes belles qualités et de tout ce que je possède : _____
_____ .

Je réfléchirai à ces belles qualités jusqu'à ce que j'en éprouve de la gratitude dans mon corps, dans mon cœur et dans mon âme. J'y réfléchirai jusqu'à ce que je me sente plein de gratitude au lieu de me sentir envieux et jusqu'à ce que la sérénité remplace la colère que j'éprouve.

Signé : _____

Date : _____

Chapitre 13

L'optimisme et le pessimisme

Êtes-vous optimiste ou pessimiste? Lorsque le téléphone sonne à l'improviste, vous attendez-vous à de bonnes ou à de mauvaises nouvelles? Lorsque vous attendez un invité, pensez-vous tout de suite que ce sera agréable ou y voyez-vous plutôt une source de désagrément, de mal de tête et d'embarras? Lorsque vous découvrez qu'un élu au gouvernement s'est mal conduit, remerciez-vous le ciel de vivre dans un pays où les vauriens peuvent se faire évincer ou supposez-vous que tous les élus se conduisent de manière aussi répréhensible? Si votre mari sort un soir sans vous dire où il va, vous imaginez-vous qu'il s'amuse et qu'il vous reviendra tout amoureux et de bonne humeur ou pensez-vous qu'il se conduit de manière égoïste et déloyale?

L'optimisme et le pessimisme ne sont pas des choses faciles à définir avec précision. La plupart des gens ont une vague notion que les optimistes croient toujours que tout ira pour le mieux tandis que les pessimistes s'attendent toujours au pire. C'est un bon début, mais les choses sont beaucoup plus complexes que cela.

Imaginez que vous profitez d'une belle journée ensoleillée pour faire une promenade. Lorsque vous vous trouvez à trois ou quatre kilomètres de chez vous, un vent frais se lève et le ciel commence à se couvrir. Vous continuez votre promenade sans vous en préoccuper. Le ciel commence à tourner à la tempête. Quelques gouttes de pluie éclaboussent le trottoir. Vous essayez de vous souvenir de la météo, mais vous n'y arrivez pas. Soudainement, vous vous sentez malade et désorienté. Vous avez très sommeil. Vous êtes à l'hôpital. Une personne munie d'un stéthoscope et d'une planchette vous dit que vous avez été frappé par la foudre la veille. Vous avez une jambe cassée, quelques brûlures au deuxième degré et vos sourcils pourraient ne jamais repousser. À part cela, tout va bien et vous vous remettrez complètement.

Un optimiste à qui cela serait arrivé dirait : *«Je dois être la personne qui a le plus de chance au monde! La foudre me frappe et je m'en sors presque sans égratignures. J'ai droit à un mois de congé de maladie payé pendant que ma jambe guérit. Mieux encore, on me paie pour lire tous les livres que je rêvais de lire depuis longtemps. J'ai perdu mes affreux sourcils en broussaille et j'ai maigri pendant mon séjour à l'hôpital. Me voici maintenant, six semaines plus tard, vivant pour raconter l'histoire et tout comme neuf!»*

Un pessimiste dirait : *«Je dois être la personne la plus malchanceuse du monde! Je vais faire une simple promenade parce que mon médecin a dit à ma femme que j'avais besoin de faire plus d'exercice. Je vérifie la météo. Ciel variable, nuages. Il fait beau et chaud lorsque je quitte la maison. Il n'y a pas de tonnerre. Les nuages ne sont pas menaçants. Puis je me retrouve à l'hôpital. Je suis complètement dans les vapes à cause de la morphine. Lorsqu'elle ne fait plus effet, j'ai l'impression d'avoir eu le dessous des pieds marqués au fer rouge et j'ai une fracture double à une jambe. Les repas à l'hôpital sont infects. Je manque un mois de travail et je n'ai que la lecture pour m'occuper. Qu'ai-je fait pour mériter une chose pareille? Quel monde, quel monde!»*

Êtes-vous optimiste ou pessimiste?

Être optimiste signifie interpréter des événements neutres ou ambigus d'une manière généralement positive. Bien entendu, cela veut aussi dire s'attendre à de bonnes choses, pour soi et pour les autres, dans un avenir rapproché et à plus long terme.

En revanche, être pessimiste signifie interpréter des événements neutres ou ambigus, y compris l'avenir, d'une manière généralement négative. Pensez aux grands pessimistes que vous connaissez et à toutes les fois où leurs prédictions ne se réalisent pas.

Bizarrement, cela ne les décourage pas de continuer à imaginer le pire. Qu'est-ce qui les fera changer? Il y a fort à parier qu'il n'y a rien que vous puissiez dire ou faire pour y arriver. Cependant, il est du pouvoir du pessimiste de se reconnaître tel et de commencer à cultiver l'optimisme.

Les avantages de l'optimisme

L'optimisme et le pessimisme sont parmi les sujets favoris des philosophes de salon. Je dirais qu'il est inutile de débattre pour savoir si ce sont les optimistes ou les pessimistes qui ont raison. Je crois qu'il est beaucoup plus intéressant de se demander si les optimistes s'en tirent mieux que les pessimistes ou vice versa. La réponse ne fait aucun doute. Le pessimisme nuit à la santé physique et mentale d'une personne, à sa vie sociale et conjugale, à son travail et à son bonheur en général. Posez la question aux scientifiques qui ont soigneusement étudié la question dans le cadre de nombreuses études.

Bien entendu, une attitude optimiste ne garantit pas une vie longue, heureuse et épanouie. Et il y a autant d'optimistes que de pessimistes qui meurent dans des écrasements d'avion ou qui gagnent à la loterie.

L'optimisme a ses limites. La plupart de nos rêves ne se réalisent pas. Personne ne peut éviter les deuils, les déceptions et les humiliations. Cependant, comme les optimistes n'exagèrent pas leurs déceptions et rêvent de jours meilleurs lorsque le malheur frappe, ils acceptent plus facilement les coups durs.

Les pessimistes allèguent souvent qu'ils s'en tirent mieux que les optimistes parce qu'ils sont toujours préparés au pire. C'est là un argument logique, mais il n'existe pas de bons moyens de se préparer à la plupart des revers de fortune. On y fait face lorsqu'ils se présentent.

Cultiver l'optimisme avec compassion

L'histoire suivante a été racontée d'innombrables fois sous diverses formes et dans de nombreuses langues.

Un voyageur quitte la Ville-Nord pour se rendre dans la Ville-Sud. Les deux villes sont à environ une journée de distance. Le voyageur s'arrête à mi-chemin pour se reposer et manger une bouchée.

« Je m'en vais à Ville-Sud, dit-il au propriétaire de l'auberge. *Comment est cette ville ?*

— Se peut-il que vous arriviez de Ville-Nord ? lui demande l'aubergiste.

— Oui. En fait, je suis parti de là ce matin.

— Comment trouviez-vous Ville-Nord ?

— C'était une ville agréable, lui répond le voyageur. *Les gens peuvent sembler un peu froids au début, mais quand on les connaît mieux, ils sont gentils et généreux. Ce sont les gens les plus drôles que j'aie rencontrés. Ils pourraient faire rire une pierre. Ils sont honnêtes, travaillants, pieux et sans prétention. Leurs maisons et leurs jardins sont simples, honnêtes et propres. J'ai beaucoup aimé mon séjour là-bas.*

— Ville-Sud vous plaira aussi, conclut l'aubergiste.

Un peu plus tard, après le départ du premier voyageur, un deuxième voyageur arrive.

— « J'arrive tout juste de Ville-Nord et je suis en route pour Ville-Sud, dit-il. *Vous connaissez cet endroit ? »*

L'aubergiste lui demande comment il a trouvé Ville-Nord.

Le nouveau voyageur lui répond : *« Vous voulez rire ? Tout le monde doit savoir que c'est une mauvaise plaisanterie, un coin perdu, un cauchemar pour tout voyageur. Les gens là-bas vous laisseraient crever sans même lever le petit doigt. Ils ont l'air bien dévots et tout, mais ce n'est que de l'hypocrisie. La moitié du temps, il est impossible de deviner de quoi ils parlent, puis ils éclatent de rire comme des débiles. Et vous devriez voir leurs maisons et leurs jardins. Ces gens ont fait de la grisaille une forme d'art. Les trois jours que j'ai passés là-bas m'ont paru trois mois !*

— Vous n'allez pas trouver Ville-Sud beaucoup mieux », conclut l'aubergiste.

Avant de continuer à lire, demandez-vous ce que vous pourriez raconter à un aubergiste céleste au sujet de votre récente visite sur Terre.

Peut-être lui feriez-vous un rapport un peu déprimant. Si c'est le cas, qu'*aimeriez-vous* pouvoir dire à l'aubergiste ? N'essayez pas de faire une caricature de l'optimisme. Évitez les sarcasmes. Pensez à une autre façon de résumer vos expériences sur Terre pour qu'elles vous laissent un goût moins amer dans la bouche. Écrivez vos réflexions dans votre cahier.

Ces histoires ne parlent pas uniquement d'optimisme. Elles parlent aussi de compassion. Si vous considérez les autres du point de vue de vos désirs, de vos goûts et de vos intérêts, ils pourront vous sembler insignifiants et désagréables. Si vous les considérez dans le contexte de leur propre vie, cependant, ils deviendront intéressants ; leurs sentiments et leurs comportements auront un sens.

Si la plupart des gens que vous rencontrez vous semblent insignifiants et désagréables, le monde entier vous paraîtra insignifiant et désagréable, et vous passerez peut-être pour une personne insignifiante et désagréable aux yeux des autres. Ce sont vos habitudes de pensée qui déterminent dans une large mesure si vous trouvez les autres de bonne ou de mauvaise compagnie ou attirants ou laids, ou encore intéressants ou ennuyeux.

Votre tempérament aussi y est pour quelque chose. Certaines personnes sont de nature beaucoup plus agréable ou beaucoup plus sociable que d'autres. Vous n'avez que très peu sinon pas de contrôle direct sur votre tempérament. Cependant, vous pouvez exercer beaucoup de contrôle sur vos habitudes de pensée. Si vous cultivez continuellement des habitudes de pensée empreintes de compassion malgré votre mauvais tempérament, celui-ci pourrait se transformer de manière permanente, ce qui serait un résultat indirect de vos habitudes de pensée.

Apprenez à ne pas voir les autres uniquement comme des objets de critique. Voyez-les plutôt comme des phénomènes naturels, comme si vous observiez des fleurs, des nuages ou des oiseaux. Nous ne classons pas automatiquement les fleurs, les nuages ou les oiseaux comme étant bons ou mauvais, ennuyeux ou intéressants et ainsi de suite. Nous supposons que chaque espèce de fleurs ou d'oiseaux existe pour une raison et que chaque nuage a sa place. Nous pouvons cultiver des habitudes de pensée semblables à l'égard de notre prochain.

Lorsque les moines hindous prononcent leurs vœux, ils récitent la prière suivante : *« Faites que mon esprit soit une abeille qui recherche le nectar en chaque personne. »* Combien de fois notre esprit est-il comme une mouche qui recherche tout ce qui est sale chez les autres ! Pourtant, il pourrait tout aussi facilement être comme une abeille !

Si vous voulez être déçu par à peu près toutes les personnes que vous rencontrez, voici un truc infaillible. Recherchez l'intelligence chez les personnes séduisantes, la beauté chez celles qui ont réussi et le succès chez les gens intelligents. Si vous rencontrez une personne qui vous paraît séduisante, intelligente et épanouie, cherchez en elle le charme ou la sagesse. Vous réussirez sans beaucoup de difficulté à ressentir de l'animosité ou de la désapprobation envers à peu près tout le monde que vous rencontrerez.

Pour changer cet état de choses, il suffit de changer d'attitude. Dans votre cahier, dressez rapidement une liste des personnes de votre connaissance que vous rencontrerez probablement dans les quelques jours qui viennent. Pour chacune, indiquez un trait désagréable, c'est-à-dire quelque chose qui vous obsède parfois au point de gâcher un peu votre plaisir de la rencontrer. Notez ensuite un trait admirable ou agréable sur lequel vous n'oublierez pas de vous concentrer la prochaine fois que vous la verrez.

Une fois que vous aurez eu la chance de rencontrer bon nombre de ces personnes, notez dans votre cahier comment cet exercice a modifié votre façon de les percevoir. Écrivez aussi comment votre expérience des gens en général s'est modifiée.

Un lecteur du nom de Gérald a noté ce qui suit sous forme de tableau.

Personne	Trait désagréable	Trait agréable
Suzanne	Ennuyeuse	Chaleureuse
François	Mauvais goût	Grand lecteur
Aline	Trop volubile	Drôle
Charles	Complètement assommant	Gentil et patient
Roger	Manque d'élégance	Un bon soutien
Clarence	Se plaint constamment	Sensible
Émilie	Toujours pressée	Elle m'aime
Dominique	Ne lit que des magazines à potins	Empathique

Gérald a aussi écrit ceci :

Je ne pensais pas retirer grand-chose de cet exercice. Ça me semblait assez évident. Je ne pensais pas découvrir que je juge les autres aussi durement. Je sais que les défauts de ces personnes ne m'obsèdent pas tout le temps, mais cela arrive beaucoup plus qu'il n'est nécessaire. J'étais content de pouvoir agir autrement. Je n'ai pas toujours réussi à me rappeler les bonnes choses que je comptais chercher chez les gens autour de moi, mais cela n'est pas très important. Si je ne me souvenais plus du trait sur lequel je voulais me concentrer, je trouvais autre chose de positif sur le moment. Cette semaine m'a semblé plus agréable. J'éprouve une plus forte envie que d'habitude de profiter du reste de ma vie!

Cultiver l'optimisme avec attention

Les moyens et les fins sont deux attitudes différentes envers la vie en général. Certaines personnes semblent se concentrer sur leurs buts, tandis que d'autres s'attardent surtout aux moyens qu'elles prendront pour les atteindre. Si la vie est une course, on peut courir pour l'amour de la course, et courir à un rythme confortable. On peut aussi courir pour gagner la course, peu importe les souffrances qui en découlent. La compassion, l'attention et la gratitude font primer les moyens sur la fin.

La vie est incertaine, mais la mort est certaine. Par conséquent, il ne semble pas très sage de courir pour gagner. Courir pour gagner engendre le pessimisme, parce que personne ne peut gagner toutes les courses. À mesure que nous vieillissons et que notre santé décline, les courses que nous arrivons à gagner deviennent de plus en plus rares. Or, quand nous voyons les choses sous cet angle, nous n'avons plus grand-chose à espérer de la vie.

Il est étrange que l'on dise des athlètes professionnels qu'ils «jouent». Leur «jeu» est extrêmement sérieux. En fait, la plupart des athlètes professionnels cessent complètement de pratiquer leur sport pour le plaisir. Ils jouent pour gagner ou ils ne jouent pas du tout. Pourtant, le mot «jouer», qui vient du latin *jocari*, veut dire «badiner» ou «plaisanter».

Dans son ouvrage intitulé *Vivre: la psychologie du bonheur*, Mihaly Csikszentmihalyi nous rappelle que les gens sont les plus heureux et les plus créatifs et productifs lorsqu'ils travaillent ou jouent de manière détendue, non pas parce qu'ils sont déterminés à gagner mais parce qu'ils apprécient l'activité à laquelle ils s'adonnent. Ils peuvent désirer gagner ou réussir, mais uniquement parce qu'ils aiment ce qu'ils font. Ils peuvent aussi désirer réussir ou gagner, mais ils aiment ce qu'ils font en dépit du succès ou de l'échec et ils peuvent même redéfinir le succès pour qu'il corresponde mieux à leurs capacités.

Selon mes habitudes de pensée, je pourrais penser que je dois m'atteler à une tâche ingrate tous les jours pour pouvoir manger, éviter l'indigence et me payer des assurances. Or, ce sont là des habitudes de pensée pessimistes qui m'amèneront à craindre l'avenir.

Des habitudes de pensée différentes changeraient toute ma vie émotive. Je pourrais me dire que je vaque allègrement au travail que j'ai choisi, que je m'occupe bien de mes enfants que j'adore, que je cultive mes intérêts tout en développant mes talents et ainsi de suite. Je dois bien sûr continuer à travailler et il m'arrivera d'être fatigué. Cependant, considérer la même vie sous un tel jour est beaucoup plus optimiste.

Gardez à l'esprit que la fatigue n'est pas nécessairement désagréable. En fait, la fatigue que nous ressentons après une longue promenade ou une baignade, ou après une partie de tennis ou d'échec peut être assez agréable. Même la fatigue qui vient du fait d'avoir creusé un fossé peut être agréable, selon les raisons pour laquelle nous l'avons creusé et notre attitude à l'égard de cette tâche. C'est la fatigue que nous éprouvons après avoir fait une tâche qui nous répugnait qui peut sembler très désagréable.

Intégrez ces préoccupations dans votre propre vie, d'une manière personnelle et spécifique, en faisant l'exercice suivant. Dans votre cahier, à l'aide d'un tableau comme celui de l'exemple ci-après, dressez une liste des tâches et des responsabilités habituelles dont vous vous acquittez souvent au cours d'une journée de travail typique. Si ces activités vous semblent un fardeau, notez en quoi elles le sont dans la colonne intitulée «Fardeau». Réfléchissez ensuite à la façon dont vous pouvez les considérer pour qu'elles vous paraissent plus agréables. Peut-être devrez-vous envisager de changer votre attitude envers ces activités pour les ren-

Activité	Fardeau	Plaisir
Prendre l'autoroute pour me rendre au travail	J'ai horreur de ce trajet. Ce que c'est pénible et quelle perte de temps !	Je suis bien assis dans une voiture confortable et j'écoute de la musique que je n'aurais pas le temps d'écouter autrement. C'est vraiment agréable !
Faire le marché	Toujours la même routine, semaine après semaine.	La plupart des gens dans le monde donneraient n'importe quoi pour pouvoir faire leurs courses dans un tel supermarché ! J'ai de la chance !

Activité	Fardeau	Plaisir
Tondre la pelouse	J'ai tellement hâte de commencer à faire des choses importantes!	Comme il faut que je le fasse de toute façon, j'essaierai de tondre la pelouse comme si c'était important!
Payer mes comptes	L'ennui et l'angoisse – Quelle combinaison!	Je vais prendre cette pile de factures à payer et je vais faire les chèques. Je vais travailler vite et je serai content de l'avoir fait. Je suis capable de le faire.

dre plus agréables. Les réponses d'Algeo vous aideront à démarrer.

Sourire et respirer

Thich Nhat Hanh, un moine et maître bouddhiste vietnamien très admiré, insiste plus particulièrement sur la technique suivante. Elle est simple et pourrait même sembler illogique à un observateur extérieur. Cependant, elle demande un effort mental, comme toute méthode de croissance personnelle ou de quête spirituelle.

Interrompez ce que vous êtes en train de faire pendant un moment. Accordez toute votre attention aux sensations que vous procure votre respiration. Idéalement, votre ventre se gonfle un peu lorsque vous inspirez et il rentre lorsque vous expirez, tandis que votre poitrine et vos épaules sont presque immobiles.

(Si ce sont surtout votre poitrine et vos épaules qui travaillent, vous faites sans doute de l'anxiété, que vous en ayez conscience ou non. C'est là un renseignement important. Continuez à bien respirer en gardant ce fait à l'esprit. Cela vous aidera peut-être à atténuer votre anxiété.)

Lorsque vous inspirez et que votre ventre se gonfle, remarquez la sensation de l'air plus frais passant au-dessus de votre lèvre supérieure et pénétrant dans votre nez et votre tête avant de descendre le long de vos voies aériennes jusqu'à vos poumons. Lorsque vous expirez et que votre ventre se dégonfle, notez la sensation de l'air plus chaud qui sort de vos poumons et remonte dans vos voies aériennes vers votre tête et votre nez, puis au-dessus de votre lèvre supérieure.

Ne faites pas d'effort particulier pour modifier le rythme de votre respiration. Si vous pouvez le ralentir légèrement d'une manière qui semble naturelle et confortable, faites-le.

Avec un peu de pratique, vous pourrez apprendre très rapidement à être pleinement conscient des sensations de votre respiration. Si vous êtes tendu ou pressé, cela sera un peu plus difficile, mais pas trop. N'oubliez pas que c'est dans des moments comme ceux-là que vous avez le plus intérêt à être pleinement conscient de votre respiration.

Une fois que vous êtes bien concentré sur les sensations de votre respiration, prenez trois grandes respirations consécutives en accordant toute votre attention aux sensations que vous ressentez. Souriez chaque fois que vous expirez. Souriez d'une façon qui vous semble naturelle et honnête. Ne vous inquiétez pas si le fait de sourire vous demande un petit effort. Si seul un petit sourire ou un sourire purement intérieur vous semble naturel et honnête, souriez de cette façon-là.

Chaque fois que vous souriez, dites-vous en pensée : *Je souris parce que je suis en vie.*

Voici d'autres pensées que vous pouvez associer à votre sourire :

Je souris avec compassion pour tous les êtres vivants.
Je souris pour célébrer le moment présent.
Je souris pour saluer chaleureusement l'univers.

Les gens oublient souvent d'utiliser cette méthode, même si elle leur apporte la paix et de bons sentiments. Même si vous connaissez cette méthode, elle ne vous apportera rien si vous ne l'utilisez pas. Pour ne pas l'oublier, servez-vous en pour prendre rendez-vous avec vous-même. Notez dans votre cahier des situations dans lesquelles vous aimeriez faire l'essai de cette méthode. Plus tard, vous pourrez y inscrire vos résultats.

Les méthodes de ce genre expriment le principe de l'attention. Lorsque vous vous occupez de votre respiration, vous vous ancrez fermement dans le moment présent. Lorsque vous souriez, vous suspendez les jugements de valeur. Vous mettez l'accent sur cette suspension de vos jugements de valeur en affirmant votre amour et vos bons sentiments. En quelques instants et moyennant seulement un petit effort, vous pouvez transformer ce qui vous semble une ennuyeuse routine en une course pour l'amour de la course.

Cultiver l'optimisme avec gratitude

Ville-Nord et Ville-Sud pourraient tout aussi bien faire référence au présent et à l'avenir qu'à des endroits et à des gens. Si le présent vous semble injuste, pénible et décevant, il y a fort à parier que l'avenir ne vous paraîtra pas beaucoup plus reluisant. C'est là du pessimisme. Si vous cultivez la gratitude avec compétence et diligence lorsque vous envisagez le présent, votre avenir vous semblera plus prometteur. C'est là de l'optimisme !

Vous pouvez cultiver l'optimisme en exprimant ouvertement, en paroles et en gestes, la gratitude que vous éprouvez pour tout ce que vous avez. Vous pouvez remercier les gens autour de vous de leur collaboration et des choses gentilles qu'ils font pour vous, même si vous considérez qu'ils sont des êtres humains imparfaits. Vous pouvez aussi intégrer dans votre conversation normale des expressions qui traduisent votre reconnaissance. Voici quelques exemples.

- À votre secrétaire : Doris, je ne vous remercie probablement pas assez souvent d'être si fiable et si honnête. Vous êtes toujours là quand nous avons besoin de vous et nous savons que nous pouvons vous faire entièrement confiance. Je tiens à vous dire « merci » maintenant.

- À votre voisin : François, j'étais en train de me dire que nous sommes voisins depuis 10 ans. Pendant toutes ces années, vous n'avez jamais hésité à me prêter un outil ou à me rendre service. Vous gardez toujours l'œil ouvert pour faire en sorte que le quartier soit sûr pour les enfants. Vous vous occupez de l'entretien de votre terrain et c'est bien pour tout le quartier. J'ai vraiment de la chance d'avoir un voisin comme vous !

- Le 15 avril, à une connaissance : En déposant ma déclaration de revenus dans la boîte aux lettres, je me disais que la démocratie coûte cher, qu'elle est parfois inefficace et qu'il se produit quand même des injustices, mais je suis vraiment heureux d'avoir la chance de soutenir un gouvernement libre et démocratique.

- À la patinoire, à un autre parent : N'avons-nous pas de la chance de pouvoir emmener nos enfants faire de l'exercice et s'amuser dans un endroit sûr ! On se fiche que l'endroit soit plutôt laid et la musique, trop forte !

- Au supermarché, au commis : Je m'amusais à m'imaginer que je suis un immigrant fraîchement débarqué d'un endroit comme la Bosnie. Je me laissais impressionner par toutes les choses qu'on peut acheter moyennant relativement peu d'argent. Il m'arrive d'oublier combien je suis riche.

De tels énoncés vous semblent peut-être ridicules. Dans une conversation, ils sont peut-être un peu inhabituels, mais s'ils sont prononcés sur un ton naturel et à un moment opportun, les autres ne les trouveront pas ridicules. Si vous ne vous sentez pas capable de dire de telles choses naturellement, c'est sans doute parce que vous n'avez pas l'habitude d'exprimer ouvertement de la gratitude.

Écrivez dans votre cahier le nom de quelques-unes des personnes à qui vous aimeriez exprimer de la gratitude. Prenez aussi en note quelques commentaires empreints de gratitude que vous aimeriez insérer dans vos conversations au cours des prochains jours. Préparez-vous-y dès maintenant, pendant que vous avez le temps de réfléchir, en considérant la forme que pourrait prendre votre gratitude et les mots que vous aimeriez utiliser.

Avec un peu de diligence et d'ingéniosité, le présent commencera à vous sembler plus précieux et l'avenir, plus attrayant.

Chapitre 14

La compassion, l'attention et la gratitude au travail

Considérez cette récente expérience scientifique sur la satisfaction au travail.

Une équipe de médecins a obtenu des images par résonance magnétique de la partie inférieure du dos de tous les employés d'une grande entreprise. Les médecins ont évalué les images pour y déceler des signes de maladie de la moelle épinière, sans avoir d'autres connaissances sur les travailleurs. Au même moment, tous les travailleurs devaient remplir un questionnaire sur leur degré de satisfaction au travail. De nombreuses années plus tard, les scientifiques sont retournés dans la même entreprise pour voir quels travailleurs souffraient de douleurs dans la partie inférieure du dos. Il n'y avait aucune corrélation entre ces douleurs et les images obtenues par résonance magnétique. En revanche, le questionnaire sur la satisfaction au travail prédisait qui souffrirait de douleurs dans la partie inférieure du dos.

Les travailleurs ayant mal au dos faisaient-ils semblant? Probablement pas. Si vous n'aimez pas votre travail ou si vous ne faites que l'endurer, il y a fort à parier que vous détesterez votre vie. Et votre corps vous en punira. Les maux et les douleurs qui pourraient vous sembler sans importance en d'autres circonstances prendront des proportions énormes. Vous vous sentirez souvent fatigué. Les insultes, les frustrations et les déceptions prendront aussi des proportions démesurées. Votre vie entière vous apparaîtra comme une série de punitions injustes.

Est-ce que j'exagère ? Lisez les bandes dessinées de Dilbert en gardant cela à l'esprit. Dilbert déteste son travail. Sa vie entière lui semble une série de punitions injustes. Aucune fille ne veut sortir avec lui et même son chien n'a aucun respect pour lui.

Faites en sorte que votre travail soit sacré

Imaginez le patron dur et incompétent de Dilbert en train de lui dire que son travail devrait être sacré pour lui. C'est là une idée grotesque, qui pourrait quand même se retrouver un jour dans une bande dessinée. Évidemment, les bandes dessinées de Dilbert sont très pessimistes. C'est d'ailleurs pourquoi elles sont drôles. Si elles reflétaient le véritable état de l'économie américaine et la véritable condition du travailleur américain, nous aurions de graves problèmes. Gardez à l'esprit que les bandes dessinées reflètent la façon dont une personne pourrait caricaturer l'insensibilité et l'incompétence dont elle est témoin au travail. Quelqu'un d'autre travaillant au même endroit pour le même patron pourrait voir les choses très différemment.

Si vous vous attendez à trouver de l'insensibilité et de l'incompétence dans un lieu de travail, vous en trouverez. Si vous vous attendez à ne voir que cela, vous ne verrez pas grand-chose d'autre. Bien que Dilbert semble être un type agréable et intelligent, il s'attend surtout à trouver de l'insensibilité et de l'incompétence, et ses attentes deviennent réalité. Il nous enseigne par là une très précieuse leçon. Que vous considériez ou non votre travail comme étant sacré ne concerne que vous. Si votre patron vous oblige à le considérer comme tel, vous vous retrouverez tous les deux avec un problème. Si votre travail est sacré pour vous, vous y trouverez une occasion que vous devez adapter à votre situation et à votre personnalité. Ce n'est certainement pas un devoir.

Si vous estimiez vraiment que votre travail était sacré, qu'est-ce que cela voudrait dire et comment l'aborderiez-vous?

Je n'utilise pas le mot sacré dans le sens religieux, bien entendu. Je parle plutôt de quelque chose que l'on « considère avec révérence ». Si votre travail est sacré pour vous, il n'est pas seulement une source de revenu ou un tremplin vers autre chose. Vous sentez intuitivement que l'accomplir fait une différence, si petite soit-elle, mais une différence tout de même importante et durable dans le monde, une différence dont vous pouvez être fier même si elle n'est jamais reconnue. Tout travail peut être sacré, comme il peut être banal.

L'auteur chrétien C. S. Lewis a écrit qu'un homme qui mange, qui s'étend avec sa femme ou qui se prépare à dormir avec humilité, gratitude et sobriété se trouve, selon la doctrine chrétienne, dans un état infiniment plus élevé que celui qui écoute Bach ou qui lit Platon avec un sentiment de supériorité.

On peut paraphraser Lewis en termes plus laïques pour l'appliquer au lieu de travail. Un homme qui accomplit un travail ordinaire avec humilité, gratitude et sobriété se trouve dans un état infiniment plus béni que celui qui dirige une société multinationale dans un esprit d'arrogance et de cupidité.

Où peut-on solliciter des emplois sacrés et à quel genre de salaire peut-on s'attendre? Les mauvaises nouvelles sont les mêmes que les bonnes. Le respect, la déférence et la révérence ne sont pas des choses que le travail procure au travailleur. Lorsque ces éléments sont présents, c'est que le travailleur les y a apportés. Il les y a apportés en cultivant des habitudes de pensée qui privilégient le respect, la déférence et la révérence envers son travail.

Comment votre comportement, vos paroles et surtout vos sentiments changeraient-ils si votre travail devenait sacré pour vous? La question peut soulever des débats, mais les éléments suivants représentent certaines possibilités fondamentales:

- Vous vous plaindriez rarement de votre travail et vous ne le considéreriez pas souvent comme avilissant ou ennuyeux.

- Peut-être n'auriez-vous plus honte de votre travail.
- Vous vous rappelleriez souvent que vous faites quelque chose d'important, qui compte, peu importe ce que les autres peuvent en penser.
- Vous essaieriez peut-être d'accomplir une seule tâche à la fois, de manière à pouvoir y consacrer toute votre attention.
- Vous pourriez tirer de la fierté du travail bien fait, même si cela vous demandait un peu plus de temps ou un peu plus d'effort.
- Vous feriez peut-être un effort pour traiter vos collègues avec respect et gentillesse, qu'ils semblent le mériter ou non. Après tout, si votre travail est sacré, le leur doit l'être aussi.
- À la fin de la journée ou lorsque vous avez terminé une tâche, peut-être y repenseriez-vous en vous disant : *«Je suis content d'avoir eu la chance de faire cela et je suis heureux de l'avoir fait de mon mieux. »*

S'il vous vient d'autres possibilités à l'esprit, notez-les dans votre cahier.

Lisez les énoncés ci-dessous et notez la réponse qui correspond le mieux à ce que vous pensez.

A = Presque toujours

B = Habituellement

C = Parfois

D = Rarement

E = Presque jamais

MON TRAVAIL EST SACRÉ

1. Je fais une seule tâche à la fois en y consacrant toute mon attention.
2. Lorsque je dois discuter de mon travail avec quelqu'un, j'accorde toute mon attention à cette personne.
3. Je dénigre ou ridiculise mon travail.

4. Je considère qu'il y a d'autres emplois qui sont plus importants que le mien.

5. Je suis gêné ou j'ai honte du travail que je fais.

6. Pour moi, le travail n'est qu'une façon d'obtenir un chèque de paie.

7. Les postes que j'espère occuper dans le futur me semblent beaucoup plus importants que le poste que j'occupe maintenant.

8. J'éprouve du ressentiment parce que mon travail me prend du temps et de l'énergie que j'aimerais consacrer à autre chose.

9. À la fin d'une journée de travail, je la repasse dans ma tête et je me dis que j'ai fait de mon mieux et que je suis fier de ce que j'ai accompli.

10. Je me dis que si je devais continuer à occuper le même emploi encore longtemps, j'en éprouverais beaucoup de regrets.

11. J'estime que le temps que je passe au travail est du temps gaspillé ou du temps qui m'est volé.

Calculez le nombre de réponses que vous avez obtenues pour chaque lettre. Plus vous avez de A et de B, plus votre degré de satisfaction au travail est élevé. Passez quelques minutes à réfléchir à la façon dont votre vie professionnelle (et aussi peut-être votre vie personnelle) changerait si vous pouviez répondre A ou B à tous les énoncés. Posez-vous plus particulièrement les questions suivantes :

• Ma qualité de vie s'améliorerait-elle ?
• La qualité de mon travail s'améliorerait-elle ?
• Mes rapports avec mes collègues de travail s'amélioreraient-ils ?
• Mon estime de moi-même s'améliorerait-elle ?
• Est-il possible que je me retrouve dans une situation pire qu'avant ?

La compassion au travail

Les problèmes humains sont la plus importante source d'insatis-
faction au travail. Les patrons se plaignent de la stupidité, de
l'incompétence et du manque de manières des travailleurs, qui
se plaignent à leur tour des mêmes choses au sujet de leurs
patrons. En outre, les travailleurs trouvent souvent leurs camarades
de travail paresseux, stupides, désagréables, malhonnêtes, hypo-
crites, tyranniques, désorganisés, incompétents, alcooliques,
débiles et ainsi de suite.

Pour que cette discussion soit plus brève et plus claire, je
donnerai à tous ces problèmes que nous causent les gens autour
de nous le nom de « défauts inopportuns chez les autres ».

Bien entendu, tous les gens ont des défauts inopportuns, pas
seulement les collègues de travail. En fait, c'est aussi la première
source d'exaspération en dehors du travail. Pour une raison quelconque, cependant, la plupart des gens semblent plus sensibles aux
défauts des autres au travail que chez eux ou n'importe où ailleurs.
C'est peut-être parce que les individus en dehors du travail dont
les défauts nous dérangent sont souvent nos parents et nos amis.
En général, nous sommes plus tolérants envers nos proches.

Je ne nie pas l'importance des défauts personnels inopportuns dans les rapports humains. Il y a plein de gens malavisés qui
font du tort ou des dommages de diverses façons. Malgré cela, il
est généralement inutile de vous mettre dans tous vos états à
cause des défauts des autres. Ceux-ci ne comprennent sans doute
pas et ne sont peut-être même pas conscients de ce que vous ressentez. C'est à vous surtout que votre colère fait du tort.

Il vaut aussi la peine de considérer que, dans l'ensemble, les
personnes intelligentes, compétentes et travaillantes font probablement autant de tort que les personnes paresseuses et incom-
pétentes. Quelques milliers d'innocents sont blessés tous les ans
à cause de conducteurs paresseux qui négligent d'utiliser leurs
clignotants. Plus nombreux encore sont ceux qui sont mutilés ou
tués chaque année par des mines individuelles. Or, ces mines ont

été inventées, fabriquées et utilisées par des personnes intelligentes qui travaillent fort. En outre, des personnes intelligentes ayant de bonnes intentions ont inventé le fréon et l'ont libéré dans l'atmosphère en énormes quantités. Peut-être avaient-ils des œillères. Il faut dire que tous les humains ont des œillères, y compris vous et moi.

Lorsque vous trouvez des défauts inopportuns à vos collègues de travail, essayez l'une des affirmations suivantes, modifiée au besoin pour convenir à la personne et à la situation. Tous les humains sont faillibles. Ces aphorismes, dérivés des principes de la compassion, affirment le caractère humain fondamental des personnes qui présentent des défauts inopportuns. Normalement, de telles affirmations servent à cultiver la confiance en soi et le respect de soi, mais elles peuvent tout aussi bien servir à cultiver la compassion envers les autres ou à remplir de nombreuses autres fonctions.

- Cette personne n'a pas demandé à être comme ça. Elle est comme ça, c'est tout, comme une autre est grande ou petite.
- Dieu aime également les sots et les gens intelligents.
- Me montrer méchante avec cette personne n'améliorera pas sa serviabilité.
- Il n'est pas de mon pouvoir d'améliorer les aptitudes sociales de cette personne.
- Si cette personne était aussi dynamique et compétente que moi, je ne serais pas son patron.
- Même si cette personne n'a pas la compétence pour accomplir cette tâche, cela ne signifie pas qu'elle ne vaut rien.
- On ne me paie pas pour juger les autres. On me paie pour que je fasse mon travail du mieux possible et il est entendu que d'autres personnes me dérangeront de temps en temps.
- Si je n'avais pas eu de chance, je pourrais être peu instruit et c'est lui qui aurait un diplôme.
- Peut-être suis-je plus honnête que cette personne. Ce n'est pas ma malchance ; c'est la sienne. Si elle gagne cette bataille en étant malhonnête, elle finira par le payer très cher.

Dans votre cahier, tracez un tableau comme celui ci-dessous. Dans la colonne de gauche, essayez de faire l'inventaire de vos collègues de travail dont les défauts personnels vous irritent souvent. Trouvez une affirmation dans la liste précédente qui convient aux défauts de chacune de ces personnes, modifiez-la au besoin et notez-la dans la colonne du milieu. Cela vous aidera à vous souvenir de l'état d'esprit dans lequel vous voulez être la prochaine fois que vous éprouverez de l'irritation envers cette personne. Si vous vous êtes souvenu d'utiliser l'affirmation que vous aviez prévue, peut-être voudrez-vous en noter les résultats dans la colonne de droite.

Nom de la personne irritante	Affirmation	Résultats

L'attention au travail

Lorsque je vois des automobilistes dont les pare-chocs affichent des autocollants qui disent « J'aimerais mieux être à la pêche » ou quelque chose du genre, j'ai de la peine pour eux. Pendant mon heure de déjeuner, je fais parfois une balade en voiture le long de la rivière. J'y vois bon nombre de gens en train de pêcher parce qu'ils n'ont rien d'autre à faire et pas d'argent pour faire autre chose. Ils préféreraient travailler.

Bien entendu, il n'y a rien de mal à penser qu'on voudrait être ailleurs. Malgré cela, dans la plupart des cas, cela est idiot et autodestructeur. Jon Kabat-Zinn a intitulé son livre sur la conscience *Où tu vas, tu es. Apprendre à méditer pour se libérer du stress et des tensions profondes.* Le titre est révélateur. Si vous pêchez, pêchez. Faites-le aussi bien que vous le pouvez et tirez-en le plus de plaisir possible. Si vous travaillez, faites votre travail de votre mieux et prenez-y autant de plaisir que possible. Si vous êtes incapable de prendre plaisir à votre travail, n'empirez pas la situation en cultivant du ressentiment ou de la déception.

Dans le moment, je suis dans mon bureau, à mon clavier, en train d'écrire ce chapitre par une journée que la plupart des gens considèrent comme un congé. Ma femme et mes enfants sont à la maison. J'aime rester à la maison en famille lorsque je suis en congé. Tout seul ici, au bureau, je sens l'agitation et la frustration me gagner et les choses ne sont pas très gaies. Malgré cela, je suis libre de choisir différentes façons de penser à la situation dans laquelle je me trouve.

Si je le désire, je peux penser : *« J'aimerais mieux ne pas avoir à faire ceci aujourd'hui. J'aimerais tellement mieux passer mon temps à la maison à jouer avec les enfants ou à lire un bon livre. »* Mais je peux aussi me dire : *« Il y a longtemps que je veux finir ce manuscrit et je suis très heureux d'avoir la chance de le publier. C'est une excellente journée pour travailler. »* Je pourrais même ajouter : *« Si j'étais à la maison en train de me détendre, je me sentirais coupable de ne pas être en train de travailler. »*

Si j'avais l'habitude de me dire : *« Je me passerais bien de ce travail »*, il y a fort à parier que je me sentirais déprimé, fatigué ou plein de ressentiment. Je passerais une mauvaise journée et je n'accomplirais pas grand-chose, ce qui signifierait bien entendu que je serais forcé de passer d'autres journées à terminer ce travail. Je pourrais ainsi m'enfoncer encore plus profondément dans la déprime.

Si vous vous sentez souvent irrité, insatisfait ou exaspéré lorsque vous êtes au travail, réfléchissez aux façons dont vos habitudes de pensée rendent votre travail encore plus pénible qu'il ne devrait l'être. Sans doute ces habitudes de pensée reflètent-elles aussi des jugements de valeur superflus ou votre habitude de vivre dans le passé ou l'avenir plutôt que dans le moment présent.

Certains de mes lecteurs se sont portés volontaires pour examiner les pensées et les croyances qu'ils ont l'habitude d'entretenir au sujet de leur travail afin de repérer celles qui sont contraires au principe de l'attention. Ils ont ensuite formulé des pensées plus positives. Vous en trouverez des exemples à la page suivante.

Essayez de faire cet exercice. Vous n'arriverez peut-être pas tout de suite à reconnaître vos habitudes de pensée à l'égard de votre travail qui contredisent le principe de l'attention. Peut-être jugerez-vous utile de garder votre cahier avec vous en tout temps afin d'y noter ces habitudes de pensée quand vous les remarquerez. Plus tard, vous pourrez les contester et envisager des pensées plus appropriées.

Habitudes de pensée non attentives envers mon travail	Habitudes de pensée plus attentives envers mon travail
Je ne suis pas allé à l'université pour me tenir derrière une caisse enregistreuse.	Je suis là et je fais ce que je suis censé faire pour le moment. Où est le problème?
Je m'ennuie tellement que j'ai l'impression que je vais devenir fou!	Je peux me concentrer sur mon travail ou me concentrer sur mon ennui. Je crois que je vais me concentrer sur mon travail.
J'aimerais mieux me servir de ma tête que de me casser les reins!	La prochaine fois qu'il se présentera un meilleur emploi, je le prendrai. Entre-temps, je suis mieux ici qu'au chômage.
Je suis ingénieur, mais au lieu de faire du travail utile, il faut que je passe mes journées à écouter les piètres excuses, les mensonges et les plaintes continuelles de mes subordonnées.	Seul un ingénieur pourrait superviser mes subordonnés. C'est un travail qui doit se faire et il vaut aussi bien que ce soit moi qui le fasse.

Ensuite, écrivez dans votre cahier comment vos sentiments à l'égard de votre travail ont changé lorsque vous avez fait cet exercice.

Robert a écrit ceci:

J'ai toujours tenu pour acquis que le travail était une chose pour laquelle on éprouvait du ressentiment. Il ne m'était jamais venu à l'esprit que je pourrais trouver le moyen d'être bien au travail. Mon emploi actuel m'irritait particulièrement parce qu'il est mal payé et qu'il ne me vaut pas le moindre res-

pect de qui que ce soit. Je n'avais jamais pensé que je suis libre
de le traiter comme s'il était important et qu'il est au moins
théoriquement digne d'admiration. C'est ce qui fait toute la
différence.

La gratitude au travail

Tout emploi vous donnera des motifs de ressentiment et des
motifs de gratitude. Le ressentiment vient naturellement, mais
pas la gratitude. C'est pourquoi de nombreuses personnes éprouvent du ressentiment envers leur travail. On entend rarement les
gens exprimer de profonds sentiments de gratitude pour leur
boulot. Tous les travailleurs sont libres de choisir le ressentiment
ou la gratitude ; ces deux options représentent des habitudes de
pensée.

Mais pourquoi choisir la gratitude ? Parce que la gratitude
est agréable. Les gens qui éprouvent de la gratitude sont plus
populaires, plus dynamiques, plus enthousiastes et souvent plus
créatifs. Et pourquoi rejeter le ressentiment ? Parce que le ressentiment rend la vie désagréable. Les gens irrités sont moins aima-
bles. En outre, le ressentiment draine l'énergie, l'enthousiasme
et la créativité d'une personne.

La gratitude procure un plaisir subtil mais profond, qui naît
de petites choses ordinaires. Cependant, elle a aussi une connotation qui est difficile à cerner : le plaisir d'une chose *qu'on ne tient*
pas pour acquise. Tenir les grands et les petits plaisirs de la vie pour
acquis gâche tout.

Par exemple, si vous êtes au chômage depuis longtemps et
que vous obtenez un nouvel emploi qui paie mieux que ce que
vous aviez osé espérer, peut-être embrasserez-vous votre premier
chèque de paie en cachette et y penserez-vous tout l'après-midi,
impatient de le déposer à la banque ! Vous vous sentirez ainsi
parce que vous ne tenez pas ce chèque pour acquis. Un an plus
tard, votre chèque de paie peut être plus gros, mais il y a de fortes

chances que vous ayez maintenant l'impression qu'il vous est dû et que vous pouvez le dépenser avant de le toucher, tout en vous disant que vous aimeriez qu'il soit plus gros. L'envie de l'embrasser vous est passée, tout comme le plaisir d'y penser toute une journée.

La gratitude est une forme particulière de plaisir, qui n'est pas nécessairement intense. C'est un plaisir subtil et secret qu'on éprouve jusqu'au tréfonds de son être. La gratitude est la chose qui fait que la vie vaut la peine d'être vécue.

Tout travail procure des occasions différentes d'éprouver de la gratitude ou du ressentiment. Si aucun travail n'est jamais parfait, les emplois entièrement mauvais sont rares. Utilisez le tableau qui suit pour réfléchir aux diverses façons d'éprouver plus souvent et de manière plus intense de véritables sentiments de gratitude pour votre travail. Personne n'a tous ces motifs d'éprouver de la gratitude. N'écrivez dans votre cahier que ceux qui vous conviennent. Les motifs que vous retiendrez dépendront en partie de votre situation et en partie de votre tempérament. Indiquez à quelle fréquence vous éprouvez de la gratitude pour chacun d'eux et si vous voulez cultiver plus de gratitude.

Motif possible de gratitude	Jamais Rarement Parfois Souvent	Plus de gratitude
Je peux gagner ma vie en offrant un produit ou un service valable.		
Je travaille pour une entreprise qui fournit de bons emplois à de nombreux travailleurs.		
J'ai un emploi.		
Je fais un travail intéressant.		
J'ai de bonnes conditions de travail.		
J'ai un bon salaire et d'excellents avantages sociaux.		
J'ai l'occasion de servir des clients.		

Motif possible de gratitude	Jamais Rarement Parfois Souvent	Plus de gratitude
Je compte de nombreux amis parmi mes collègues de travail.		
J'ai des collègues de travail qui se soucient réellement de moi.		
Je fais un travail dont je peux être fier.		
Je travaille pour un patron qui cherche réellement à être juste.		
Je travaille pour un patron qui est vraiment compétent.		
Je travaille pour un patron qui s'occupe très bien de ses subordonnés.		
Mes subordonnés font vraiment de leur mieux.		
Mes subordonnés apprécient mes compétences.		

Avant de laisser cet exercice derrière vous, revoyez certains des motifs que vous avez estimés complètement incompatibles avec la gratitude. Par exemple, si vous n'aimez vraiment pas votre patron, vous avez peut-être réagi négativement à tous les motifs concernant un patron. Cependant, il est possible que votre patron essaie vraiment d'être juste, même s'il est incompétent. Ou peut-être s'occupe-t-il très bien de ses subordonnés en général, même s'il est parfois un peu capricieux !

De même, vous estimez peut-être que le produit ou le service que vous offrez est trop banal pour que vous puissiez éprouver de la gratitude pour cela. Par conséquent, vous renoncez automatiquement à vous sentir reconnaissant d'avoir l'occasion de proposer un produit valable. Prenons du savon à lessive par exemple. Cela n'a rien d'excitant ! Malgré cela, le savon à lessive est un produit utile et le monde est plus agréable parce qu'il existe en abondance du savon à lessive de bonne qualité et peu cher. Bien que cela puisse paraître absurde à première vue, vous avez toutes les raisons du monde d'éprouver de la gratitude pour un tel article. Reconsidérez tous vos motifs de gratitude de ce point de vue.

Chapitre 15

La compassion, l'attention et la gratitude dans la vie familiale

Avez-vous déjà entendu le dicton qui dit qu'une femme n'a pas plus besoin d'un homme qu'un poisson d'une bicyclette? Ou la blague suivante? Peu de temps après son installation au Paradis terrestre, Dieu a demandé à Adam ce qu'il aimerait.

« Je me sens seul, a répondu Adam, j'aimerais bien une compagne douce, gentille et agréable à vivre, vous voyez ?

— Oui, a répondu Dieu, mais cela vous coûtera un bras et une jambe.

— Qu'est-ce que je peux avoir pour une côte ? »

Les enfants ne sont pas exclus de cette bataille humoristique. Un autocollant à pare-chocs très populaire aux États-Unis proclame : « La folie est héréditaire. On l'attrape de ses enfants ! »

Toutes les blagues sont à moitié vraies. Les milliers de blagues et de mots d'esprit comme ceux-ci témoignent de la détresse très répandue au sein des familles. Plus de la moitié des mariages célébrés cette année se termineront par un divorce. Les trois quarts des gens qui commencent à vivre à deux cette année se sépareront de manière permanente. Entre-temps, un grand nombre de ces personnes auront acheté des maisons, conçu des enfants et planifié leur vie ensemble. Seulement un enfant américain sur cinq grandit dans un foyer avec des parents qui sont doux et affectueux envers eux, qui demeurent loyaux l'un envers l'autre et qui restent mariés toute leur vie.

Je ne crois pas qu'il soit exagéré de dire que le divorce est le plus grave problème de santé publique aux États-Unis. Cela est également vrai des autres pays industrialisés ailleurs dans le monde. Le divorce mine la santé et conduit à la dépression, à la faillite, à la consommation d'alcool et de drogues et même au suicide. En règle générale, les enfants dont les parents ont divorcé ont une enfance moins heureuse et réussissent moins bien que les autres. Les parents insensibles et égoïstes sont probablement le deuxième problème de santé publique aux États-Unis. Songeons seulement à la population carcérale. Elle est devenue une nation dans nos frontières. Dans de nombreux États, on dépense maintenant davantage pour les prisons que pour l'éducation. Seul un très petit nombre de ces femmes et de ces hommes malheureux (et souvent dangereux) ont été élevés dans un foyer stable et aimant.

Pourtant, le divorce peut être prévenu et la majorité des gens mariés souhaitent sincèrement le rester. La plupart des gens veulent être les meilleurs parents possible. En général, les couples qui me consultent ont des problèmes qui peuvent s'arranger ou qui auraient pu l'être s'ils s'y étaient pris plus tôt. La même remarque s'applique aux problèmes avec les enfants, les adolescents et les familles reconstituées.

Ces histoires sont à la fois tristes et encourageantes. Elles sont tristes parce que tant de familles vivent des malheurs qui auraient pu être évités, mais elles sont encourageantes parce qu'il est réconfortant de savoir que la plupart des familles peuvent s'en tirer mieux que cela, beaucoup mieux.

Il existe des livres remplis de bons conseils sur la façon de sauver son mariage et de résoudre ses problèmes familiaux. D'autres livres, tout aussi populaires, semblent frivoles ou potentiellement dangereux. Comment un lecteur peut-il s'y retrouver ? Ancrez vos efforts dans les principes de la compassion, de l'attention et de la gratitude. Si ces principes vous ont paru sensés et vous ont donné de bons résultats à d'autres points de vue, vous serez probablement également satisfait de leur influence sur la qualité de votre mariage et de votre vie familiale.

La compassion dans le mariage et la vie familiale

Je connais un homme qui critique sa femme tous les jours de sa vie à la même heure et pour les mêmes raisons. Il est convaincu qu'il a de bonnes raisons de la critiquer. Elle tient mal maison, elle est mauvaise cuisinière et elle passe beaucoup de temps malade au lit, bien que de nombreux médecins l'aient examinée sans lui trouver la moindre maladie. Un jour, j'ai demandé à cet homme s'il pensait que sa femme faisait de son mieux. Il a été étonné de ma question. *« Qu'est-ce que vous voulez dire ? »* Je lui ai demandé si sa femme lui avait déjà fait la promesse d'être une excellente cuisinière ou une excellente ménagère. Cela aussi l'a étonné. *« Qu'est-ce que vous avez à la défendre ? »* a-t-il répliqué.

Même les meilleurs conjoints nous déçoivent à l'occasion. Dans un mariage moyen, les époux se déçoivent souvent l'un l'autre. Je connais de nombreux adultes agréables et responsables qui me disent qu'ils ont toujours déçu leurs parents. La nature a joué un tour à la race humaine. Les enfants n'excellent pas dans les domaines que leurs parents valorisent. Les époux se révèlent différents de qui ils étaient pendant leurs fréquentations.

Si votre partenaire vous déçoit souvent, la compassion peut vous aider, tout comme elle peut aider les parents qui sont déçus de leurs enfants et vice versa.

Dans votre cahier écrivez maintenant les plus grandes déceptions que vous causent votre partenaire ou vos enfants.

Lisez chaque point que vous avez inscrit et arrêtez-vous un moment pour vous demander si votre partenaire ou votre enfant fait de son mieux à cet égard, compte tenu de ses talents, de sa personnalité, de sa situation, etc. Notez vos réflexions. Comment savez-vous si cette personne fait de son mieux ? Vous ne pouvez pas en être certain, mais vous la connaissez mieux que quiconque et pouvez facilement le déduire. Rappelez-vous ce que vous vous êtes déjà dit à ce sujet. Rappelez-vous ce que vous avez fait tous les deux pour résoudre ce problème. Fiez-vous à votre intuition.

Maintenant, demandez-vous si vos critiques et votre colère vont améliorer la situation. Songez à toutes les fois où vous l'avez déjà critiquée ou blâmée à ce sujet et les résultats que vous avez obtenus.

Dans bien des cas, il est évident que, pour le moment, le conjoint, la conjointe ou l'enfant décevant fait de son mieux et que le critiquer ou le blâmer n'améliorera pas la situation. Ça crève les yeux, mais que faire ?

Dans la vie familiale, comme dans tous les autres aspects de la vie, on peut aborder un problème de trois façons :
- Trouver l'ingéniosité et la détermination nécessaires pour y remédier ;
- Cultiver la sérénité si le problème ne peut pas être résolu dans un avenir prévisible ;
- Se rendre lentement fou à s'en plaindre et à essayer d'y remédier tout en sachant que c'est inutile.

Un grand nombre d'individus sont consternés par la perspective d'avoir à se contenter d'un mariage ou d'un enfant moins que parfait. Ils ont été élevés avec la fausse notion qu'ils sont en droit d'obtenir ce qu'ils désirent, plus particulièrement un conjoint, une conjointe ou un enfant parfaits. Si l'un deux les déçoit, ils s'imaginent être en présence d'un problème qui doit immédiatement être résolu.

Les recherches scientifiques sur le bonheur conjugal et familial démontrent clairement que ce point de vue est erroné. Ce ne sont pas les défauts des partenaires ou des enfants qui nuisent à la vie de famille, mais les disputes répétées qui enveniment les relations familiales. De toutes les questions qu'on peut poser à un couple sur le mariage, il n'y en a qu'une qui indique clairement le degré de satisfaction des conjoints et la probabilité d'un divorce. Voici cette question : « À quelle fréquence vous et votre partenaire vous disputez-vous amèrement et méchamment ? » Si la réponse est « assez souvent » ou « très souvent », les chances de ce couple sont faibles et cette union n'est probablement pas très heureuse. Si la réponse est « rarement », les partenaires ont de bonnes chances de vivre un mariage heureux jusqu'à la vieillesse ou jusqu'à ce que la mort les sépare.

Bien entendu, les gens changent. Mais on change rarement pour éviter la désapprobation des autres. Parfois, les gens changent pour se faire plaisir à eux-mêmes, parfois dans l'espoir sincère de plaire à quelqu'un. Au lieu de mettre l'accent sur les déceptions que vous cause votre partenaire, vous pourriez envisager la possibilité que vous êtes également décevant pour elle ou pour lui. Essaieriez-vous de changer pour plaire à votre partenaire ? Notez des façons dont vous pourriez être un meilleur partenaire ou un meilleur parent pour vous faire plaisir à *vous-même*.

L'une des plus importantes expressions de la compassion est la gentillesse et la générosité avec lesquelles on traite les gens même décevants. Comme pour toutes les autres formes de compassion, il est possible que l'autre ne l'apprécie pas pour autant ou n'agisse pas de manière réciproque. Rappelez-vous que ce n'est pas la raison pour laquelle vous le faites. Vous pratiquez la compassion d'abord parce qu'elle a une valeur intrinsèque et, deuxièmement, parce qu'elle fait ressortir le meilleur chez les autres.

La compassion disciplinée

Au nom de la compassion, certains parents mal conseillés refusent d'imposer la moindre règle à leurs enfants. Au nom de la compassion, certains conjoints mal conseillés ne font pas connaître leurs attentes à leur partenaire. Cela est malheureux et donne mauvaise réputation à la compassion. Si nous voulons que la compassion devienne plus généralisée dans ce monde, nous devons démontrer que les gens qui font preuve de compassion peuvent aussi être fermes et pratiques quand il le faut.

Les époux doivent s'entendre clairement sur certains sujets. Ils doivent convenir clairement et sans équivoque des comportements qu'ils ne toléreront pas. Bien qu'ils puissent être profondément engagés l'un envers l'autre et profondément amoureux l'un de l'autre, chacun doit refuser de tolérer certains comportements inadmissibles.

Si on y apporte quelques modifications, ces lignes directrices s'appliquent aussi aux relations entre les parents et les adolescents. Évidemment, avec les enfants, la situation n'est pas complètement égale. Ce sont les parents qui établissent les règles et déterminent les conséquences de leur non-respect. Mais il n'y a rien de mal à laisser un adolescent exprimer ses attentes envers ses parents et obtenir une compensation de ces derniers s'ils manquent à leurs promesses.

J'encourage les couples à s'asseoir ensemble et à discuter des possibilités suivantes, ainsi que des autres possibilités qui peuvent leur venir à l'esprit. La plupart des couples pensent que ce genre de démarche est sotte et inutile parce qu'ils s'aiment. J'espère qu'ils n'apprendront pas à leurs dépens que l'amour n'est pas plus fort que tout.

Que ferais-tu si :
- tu découvrais que j'ai une liaison ?
- tu découvrais que j'ai déjà eu une liaison ?
- tu découvrais que je te cache une partie de mes revenus ?
- je battais un des enfants ?
- je te battais ?
- je commençais à boire et n'arrêtais plus ?
- je refusais de faire ma part des travaux ménagers ?
- je restais souvent dehors tard le soir sans te dire où je vais ?
- je dépensais souvent de l'argent pour des choses dont nous n'avons pas les moyens ?

La compassion n'exclut pas toujours le châtiment ou la riposte, pourvu qu'ils soient empreints de compassion. Il faut qu'il en soit ainsi, sinon la vie civilisée ne pourrait pas continuer. Si un voleur entre par effraction dans votre maison, la compassion ne vous empêchera pas d'appeler la police, mais elle vous *empêchera* de tirer dans le dos du voleur qui fuit la scène du crime. Si un subordonné est peu motivé et incompétent, la compassion ne vous empêche pas de le congédier, mais elle vous empêche de le faire de manière à l'humilier et à le décourager.

De même, la compassion ne vous empêcherait pas de dire à votre partenaire : *« Si tu commençais à battre les enfants et si tu ne t'en repentais pas et recommençais, je retournerais dans ma région natale avec eux, j'obtiendrais une ordonnance de la cour pour restreindre tes contacts et je ne communiquerais plus avec toi que par la poste. »*

Les familles heureuses doivent avoir des règles pour les enfants et les adolescents. Certaines règles sont davantage empreintes de compassion que d'autres. Dans une famille où on pratique la compassion, les règles familiales sont claires et constantes, et elles reconnaissent que tous les membres de la famille, et non seulement les enfants, éprouvent des émotions humaines incontrôlables. Ces règles reconnaissent implicitement l'humanité des enfants *et* des parents. En général, les châtiments empreints de compassion sont juste assez durs pour faire comprendre aux enfants que leurs parents sont sérieux au sujet du respect des règles. À l'exception des cas d'inconduite majeure, les punitions empreintes de compassion ne durent pas plus de 24 heures. La discipline empreinte de compassion prévoit autant de récompenses quand on se conduit bien que de punitions quand on se conduit mal. Dans bien des cas, des règles empreintes de compassion semblent justes et raisonnables aux enfants.

Pour illustrer mon propos, voici l'histoire d'un père qui avait beaucoup de problèmes avec sa fille adolescente trop « impertinente » à son goût. La mère était déchirée parce qu'elle considérait que son mari et sa fille se conduisaient mal tous les deux. En quelques minutes seulement, ils ont convenu de suivre les règles suivantes dans leurs discussions :

RÈGLES DE LA FAMILLE

1. Maman et papa conviennent d'écouter patiemment les revendications, les commentaires et les critiques de Karine pourvu qu'elle reste polie et respectueuse.
2. Karine convient que maman et papa n'ont pas toujours le temps de l'écouter et comprend qu'ils l'écouteront chaque fois que cela sera possible.
3. Karine convient de ne pas discuter quand maman et papa disent : *« Nous ne voulons pas en discuter. »*
4. Toutes les parties conviennent que les discussions devraient se terminer par une entente mutuelle chaque fois que cela est possible.
5. Karine convient de mettre fin à toute discussion aussitôt que maman ou papa dit : *« On ne discute plus. »*
6. Karine reconnaît que maman et papa sont responsables et qu'ils ont le droit d'imposer des règles et des normes, de lui dire non et de la punir.
7. Toute violation de cette entente de la part de Karine constitue une violation de la règle « On ne discute pas » et elle entraînera probablement une forme de punition. Karine a droit à un avertissement.
8. Maman et papa conviennent d'accorder une faveur spéciale à Karine s'ils violent cette entente.

Karine et ses parents ont tous signé et daté cette entente. À la surprise de son père, Karine l'a beaucoup appréciée et les discussions ont cessé presque immédiatement.

L'attention dans le mariage et la vie familiale

Chaque fois que je travaille sur des problèmes conjugaux ou familiaux qui incluent des adolescents, je découvre inévitablement que les opposants ne s'écoutent pas l'un l'autre et ne se sentent pas écoutés. Quand l'un parle, l'autre prépare sa riposte au lieu de l'écouter. Voici un exemple :

Le mari : *Chaque fois que je te demande ce qu'on mange pour le dîner, tu fais une crise. Je ne comprends pas.*

La femme : *Tu penses que tu es le seul dans cette famille à travailler. Moi, j'ai deux emplois !*

Le mari : *C'est moi qui fais la cuisine et les courses. Je ne comprends pas. Où est le problème ?*

La femme : *Oui, précisément. Tu ne comprends pas. C'est ça le problème.*

Le mari : *Dois-je lire dans tes pensées ou quoi ? Y a-t-il une petite lampe sur ton front pour m'indiquer que je peux te le demander ?*

La femme : *Nous avons un tableau sur lequel il est clairement indiqué quand chacun doit faire la cuisine et chacun est censé planifier les repas dont il est responsable.*

Le mari : *Même quand j'ai le pied dans le plâtre et que tu prends une semaine de congé ?*

La femme : *J'ai été forcée de prendre la semaine sinon je perdais mes vacances. Franchement, je préférerais aller travailler. Si j'avais le pied dans le plâtre, je travaillerais quand même.*

Le thérapeute : *Pouvez-vous m'expliquer ce que votre mari essaie de vous dire ?*

La femme : *Il essaie de me dire qu'il s'attend à ce que je fasse à manger chaque fois qu'il n'en a pas envie.*

Le thérapeute : *Pouvez-vous m'expliquer ce que votre femme essaie de vous dire ?*

Le mari : *Oui. Si elle n'a aucune délicatesse, c'est à cause de moi.*

Des échanges semblables entre parents et enfants sont faciles à imaginer.

Malheureusement, pendant ces échanges inutiles et destructeurs, personne n'écoute ce que l'autre essaie de dire. Cette attitude viole le principe de l'attention. Dans des échanges comme celui-ci, chaque personne a une idée bien arrêtée de ce que l'autre « devrait » penser et « devrait » ressentir. Ces attentes engendrent d'interminables plaintes des deux côtés sans aucun échange véritable. Les deux parties passent plus de temps dans le passé et dans l'avenir que dans le présent. Par conséquent, chacun sent, avec raison, que l'autre n'écoute pas, sans toutefois reconnaître son propre manque d'écoute.

Prendre le temps de bien écouter ce que l'autre veut vous dire comporte un autre avantage : cela ralentit le tempo de la discussion. Quand une discussion sur des sujets délicats se déroule trop rapidement, on assiste souvent à une série d'escalades mutuelles qui se terminent généralement par une explosion de colère.

La prochaine fois que vous vous disputerez avec votre partenaire ou votre enfant, essayez de mettre en pratique ces lignes directrices toutes simples qui découlent du principe de l'attention :

- Choisissez un sujet et tenez-vous-y. Gardez les autres pour une autre fois.
- Concentrez votre attention sur ce que l'autre est en train d'essayer de vous dire.
- Résistez à la tentation d'évaluer, entre autres, la justesse ou l'erreur, la justice ou l'injustice des commentaires de l'autre. Il vous faudra beaucoup de temps pour arriver à une entente sur ce qui est correct ou juste. Accordez-vous suffisamment de temps pour discuter.
- Concentrez-vous davantage sur la qualité de l'échange que sur le résultat que vous escomptez en obtenir. Autrement dit, concentrez-vous davantage sur les moyens que sur la fin. Si l'échange est courtois et si chaque partenaire y participe également, le résultat viendra de lui-même.

- Chaque fois que l'autre termine un commentaire, montrez que vous l'écoutiez attentivement en résumant ses propos. Évitez de faire des commentaires, surtout sarcastiques. (Dans ces circonstances, les commentaires ne sont qu'une forme de jugement de valeur inutile.)
- Suivez ces lignes directrices même si votre partenaire ne les suit pas. Si le mari et la femme de l'exemple précédent avaient suivi ces conseils, leur conversation se serait déroulée de la manière suivante.

Le mari : *Chaque fois que je te demande ce qu'on mange pour le dîner, tu fais une crise. Je ne comprends pas.*

La femme : *Voyons voir si j'ai bien compris. Tu penses que j'ai un problème quand tu me demandes ce qu'il y a pour dîner. C'est ça ?*

Le mari : *Ouais. Est-ce que j'ai besoin de faire de la publicité aérienne ? (Un commentaire sarcastique que sa femme évite sagement de relever.)*

La femme : *D'accord, je comprends. Le problème n'est pas que tu me demandes ce qu'il y a pour dîner, mais que tu le fasses quand c'est ton tour de faire la cuisine. C'est ça qui me rend folle. Ça m'insulte complètement et, en plus, tu brises une promesse.*

Le mari : *Hmmm… Dois-je comprendre que tu me trouves mesquin et manipulateur ?*

La femme : *Je ne sais pas. La plupart du temps, tu es honnête. C'est pourquoi je ne comprends pas cette histoire de dîner.*

Le mari : *D'accord. Tu trouves que je suis honnête la plupart du temps, mais que je suis de mauvaise foi quand je te demande ce qu'il y a pour dîner et que c'est mon tour de faire la cuisine. C'est bien ça ?*

La femme : *Oui, exactement. Pourquoi dois-je encore te l'expliquer ? (Les questions de rhétorique sont toujours des commentaires sarcastiques du genre qu'il vaut mieux éviter.)*

Le mari :	*Combien de fois t'ai-je dit que je ne me rappelle pas toujours à qui le tour. (Autre commentaire sarcastique.) La vie est compliquée. Je ne peux pas toujours suivre un tableau !*
La femme :	*Tu essaies de me faire comprendre que tu ne sais pas toujours à qui c'est le tour de faire à manger ?*
Le mari :	*Oui. Je sais que nous avons un tableau, mais il est périmé et ne tient pas compte de toutes les éventualités.*

Malgré des provocations de part et d'autre, le mari et la femme commencent à mieux se comprendre.

La gratitude au lit

Bien que ce ne soit pas immédiatement évident, la compassion, l'attention et la gratitude peuvent servir de stimulant sexuel.

La méthode qui suit se concentre principalement sur la gratitude, mais l'attention et la compassion ont aussi un rôle à y jouer. Bien qu'elle commence par le sexe, elle n'est pas *que* du sexe. L'appréciation, le respect et le plaisir mutuels sont tout aussi importants que vous soyez nus au lit ensemble ou en train de faire le nettoyage du garage.

À quelques reprises, je vous inviterai à écrire vos réflexions dans votre cahier. Dans certains cas, le degré d'honnêteté peut être excessif et il est préférable que les partenaires gardent leurs commentaires pour eux.

Un mariage heureux n'est pas nécessaire à une vie complètement satisfaisante et il ne garantit pas le bonheur parfait. Seuls quelques mariages se rapprochent de l'idéal moderne, amalgame de passion romantique durable, de désir sexuel, de plaisir sans fin et d'amitié indéfectible. Il est probable que la plupart des mariages satisfaisants mettent en scène deux époux qui s'aident l'un l'autre à atteindre un but commun désirable et bénéfique. C'est peut-être l'une des raisons pour lesquelles les fondamentalistes religieux sont moins susceptibles de divorcer que d'autres couples. Que votre partenaire et vous soyez ou non fondamentalistes, savoir apprécier ce que vous avez est un but désirable et bénéfique à partager pour la vie, parfois individuellement et parfois en couple. À mesure que vos enfants grandissent, vous pouvez les inviter a se joindre à vous. En chemin, la compassion, l'attention et la gratitude vous aideront à mieux vous aimer l'un l'autre et à être plus délicats l'un envers l'autre. Voici quelques suggestions concernant vos relations sexuelles :

- Beaucoup de plaisir sexuel est gâché par des jugements de valeur inutiles sur l'apparence physique, tant la vôtre que celle de votre partenaire. Essayez de faire l'amour avec un bandeau sur les yeux – pas pour vous stimuler sexuellement, mais parce que le bandeau coupe court à vos préoccupations au sujet de votre apparence et de celle de votre partenaire. Soyez attentif aux sons, aux odeurs et aux sensations tactiles plutôt qu'à l'apparence. Écrivez vos réactions à cette expérience.

- Les fantasmes sont inévitables et peuvent être excitants. Ils peuvent aussi être répétitifs et ennuyeux, et vous isoler de votre partenaire. Faites l'amour comme d'habitude, mais demeurez dans le présent autant que possible ; soyez attentif à chaque moment, à chaque geste et à chaque sensation, aussi intensément que possible. Évitez vos fantasmes habituels. Notez vos réactions à cette nouvelle expérience.

- Il est facile de se concentrer sur les déceptions et les frustrations de l'amour routinier. Mais il y a habituellement beaucoup de choses dont vous devriez être reconnaissant. Essayez de faire l'amour de la façon habituelle, mais, avant de commencer, passez cinq minutes à réfléchir à toutes les choses dont vous pouvez être reconnaissant dans l'expérience qui vous attend. Écrivez certaines de vos réflexions soit avant, soit après.

- En faisant l'amour de la manière habituelle, ralentissez un peu votre rythme. Réfléchissez de temps en temps à toutes les choses dont vous pouvez être reconnaissant dans l'expérience sexuelle que vous êtes en train de vivre. Plus tard, notez vos réflexions.

- Après avoir fait l'amour de la façon habituelle, prenez quelques instants pour réfléchir à tout ce dont vous pouvez être reconnaissant dans cette expérience sexuelle en particulier. Lorsque vous en avez le temps, écrivez vos réflexions.
- Envisagez de faire part de certaines de vos remarques à votre partenaire. Que se passe-t-il?
- Si votre partenaire vous fait part de sa gratitude sexuelle envers vous, notez ce qu'il ou elle vous a dit et la réaction que cela a suscitée en vous.

Chapitre 16

Les fréquentations et
les relations amoureuses

Selon mes clients célibataires, le problème des fréquentations combine le défi intellectuel du calcul différentiel avec l'angoisse de jongler avec des tronçonneuses ou des chances de gagner à la loterie.

La peur des fréquentations est très répandue et s'apparente à la peur de parler en public, qui est la plus courante et la plus intense de toutes les phobies. Dans les deux cas, la peur est compréhensible, mais superflue, et naît de la crainte de se ridiculiser. Il est assez douloureux d'avoir l'air idiot lorsque nous parlons en public ou que nous abordons une personne à laquelle nous voulons faire la cour. Cependant, nous y voyons dans un cas comme dans l'autre un risque exagéré. Même si nous avons parfois l'air idiot, la blessure n'est pas très grave. On oublie rapidement les discours maladroits et mal assurés, tout comme les soirées ennuyeuses avec des partenaires timides.

Une personne qui veut surmonter sa peur de parler en public peut certainement y parvenir. Il est rare que les gens qui souffrent de la phobie de parler en public deviennent de grands orateurs, mais il n'est pas nécessaire d'avoir des talents oratoires exceptionnels pour faire un exposé réussi. De même, toute personne qui veut surmonter sa peur des fréquentations peut y arriver. Ici encore, rares sont ceux qui deviendront des Rudolph Valentino ou des Marilyn Monroe, mais cela n'est pas nécessaire pour être un partenaire satisfaisant.

La peur de parler en public est surtout un inconvénient ou, dans certains emplois, un léger obstacle au succès. La solitude prolongée qui résulte de la peur des relations amoureuses est beaucoup plus triste, mais il est tout aussi facile d'y remédier.

Thomas est l'exemple typique d'une personne qui a peur de s'engager sur le plan amoureux. C'est un homme sympathique qui n'est ni beau ni laid. D'intelligence moyenne, il n'est pas riche, mais il n'est pas pauvre non plus. Il vit seul et occupe un emploi qu'il apprécie modérément. Il rend régulièrement visite à son fils de neuf ans, mais se sent très seul sur les plans romantique et sexuel. Il se plaint qu'aucune femme ne veut sortir avec lui. *« Chaque fois que je m'intéresse à une femme, elle me rejette »*, soutient-il. Lorsque je lui ai demandé à quand remontait la dernière fois qu'il avait invité une femme à sortir ou lui avait demandé son numéro de téléphone, il m'a répondu : *« Comme cela ne servirait à rien, je ne le fais presque plus. »* Il estime qu'il n'a pas essayé de courtiser une femme depuis au moins deux ans.

Thomas aimerait avoir des fréquentations, mais il ne veut pas être rejeté. C'est un peu comme vouloir frapper des coups sûrs sans jamais aller au bâton. Impossible ! Babe Ruth ne menait pas dans la ligue uniquement pour les coups de circuit ; il menait aussi pour les retraits au bâton. Thomas pense qu'il ne peut pas supporter le rejet, mais il a horreur de la solitude. Tout irait bien si seulement il pouvait apprendre à accepter les retraits au bâton avec bonne humeur. Or, la compassion, l'attention et la gratitude peuvent l'aider. (J'y reviendrai plus loin.)

Outre la peur du rejet, d'autres problèmes surgissent fréquemment dans les fréquentations.

Par exemple, Aline aime fréquenter des hommes et les rejets occasionnels ne la dérangent pas trop. Le problème est qu'elle ne trouve jamais d'homme qui lui plaise. Il lui arrive de faire l'amour avec des partenaires pour qui elle n'éprouve pas grand-chose, mais elle le regrette par la suite. À d'autres moments, elle continue à sortir avec un homme qui est fou d'elle, même si elle sait que ça ne durera pas – simplement parce qu'il est gentil et qu'elle ne veut pas le blesser.

Quel est le problème d'Aline ? Peut-être est-ce la culpabilité qui l'empêche de rejeter les partenaires qui ne lui conviennent pas. La compassion, l'attention et la gratitude pourraient lui simplifier les choses. Peut-être a-t-elle de la difficulté à passer de l'affection à l'amour, même lorsqu'elle est avec un partenaire prometteur. Ici encore, la compassion, l'attention et la gratitude pourraient lui être utiles.

Naturellement, il y a aussi le problème de tomber amoureux trop rapidement et sans discernement. Cela est plus fréquent chez les hommes que chez les femmes. Une femme de ma connaissance, qui est maintenant d'âge mûr, m'a raconté que des hommes l'avaient suppliée de les épouser dès leur première sortie, parfois même avant qu'ils n'arrivent au restaurant ! Cependant, le problème dont je parle ici ne frappe pas exclusivement les hommes. De dangereux et notoires criminels reçoivent régulièrement des offres de mariage de femmes qui ne les connaissent que par les nouvelles et les journaux.

Les quatre compétences de base

Il y a un petit nombre de compétences qui sont nécessaires pour des fréquentations réussies. Aucune n'est très difficile à saisir et aucune n'est impossible à acquérir. S'il vous manque l'une d'entre elles, vous aurez probablement des problèmes dans vos fréquentations. Voici ces compétences :

- *Savoir repousser une personne avec gentillesse et tact.* En général, il faut embrasser 10 crapauds avant de trouver un prince ou une princesse. Vous devrez rejeter ces crapauds (bien que certains d'entre eux puissent vous rejeter en premier).
- *Savoir accepter le rejet avec dignité et bonne humeur.* Vous semblerez un prince ou une princesse à de nouveaux amis.

À d'autres, vous semblerez un crapaud et vous serez rejeté d'emblée.

- *Savoir accélérer les choses.* Si vous rencontrez une personne très prometteuse mais que vos sentiments demeurent tièdes, peut-être réussirez-vous à accélérer l'éveil de vos sentiments romantiques.
- *Savoir mettre les freins.* Peut-être éprouvez-vous des sentiments très intenses pour une personne que vous venez de rencontrer, mais qui ne vous convient pas du tout. Ou peut-être êtes-vous en train de tomber amoureux plus vite que votre partenaire, ce qui vous rend mal à l'aise tous les deux.

Tout au long du présent chapitre, je me concentrerai sur la façon dont la compassion, l'attention et la gratitude peuvent vous aider à développer chacune de ces quatre compétences de base.

Repousser une autre personne avec compassion

Il est difficile de rejeter une personne gentille mais pour qui nous n'éprouvons pas la moindre attirance. Nous pouvons même nous demander si nos critères de choix ne sont pas trop élevés. Si vous n'arrivez pas à vous expliquer votre manque d'intérêt, peut-être vous sentirez-vous ridicule. Pour sa part, votre partenaire peut en éprouver de la peine ou de la colère et vous demander : *« Qu'est-ce que tu cherches tant que je n'ai pas ? »* Dans de telles circonstances, il est tentant d'essayer de trouver une raison. Pourtant, il arrive souvent qu'il n'y ait rien. Les scientifiques ne comprennent pas pourquoi une personne peut nous attirer alors qu'une autre pas très différente nous laissera de glace. Il en est de même pour les renards et les autres animaux qui forment généralement un couple.

Nous pouvons toujours inventer une bonne raison ou exagérer une raison banale pour sauver la face ou même honnêtement essayer de faire preuve de gentillesse. Cependant, si vous n'avez aucune raison de rejeter une personne, il vaut mieux que vous soyez honnête. Même si vous croyez avoir une raison bien nette, il peut être judicieux de la mettre en doute et de la garder pour vous. Vous pouvez penser par exemple : *« Je ne pourrais jamais être amoureuse d'une personne qui a un espace entre les palettes. »* Ce genre de raison n'a rien de bien convaincant. C'est plus probablement une façon de sauver la face. Ne pariez pas une grosse somme que vous ne tomberez pas amoureuse du prochain qui aura un espace entre les palettes.

Souvent, dans les premiers stades des fréquentations, il n'y a pas de raison de mettre un terme à la relation autre que : *« Tu ne sembles pas être mon type. Nous ne sommes pas faits l'un pour l'autre. »* Plus tard, les partenaires peuvent avoir de nombreuses raisons de partir, mais il y a de fortes chances qu'ils en aient déjà discuté. Si vous décidez de mettre fin à une relation, il est important que vous le fassiez d'une façon qui ne vous mettra pas mal à l'aise plus tard. Vous vous sentirez sans doute mieux dans votre peau si vous pouvez le faire de telle sorte que votre ex-partenaire ne vous en veuille pas trop.

Rejeter une personne avec compassion ne signifie pas que cette dernière le prendra bien sur le coup. Cependant, si vous la rejetez avec compassion, elle aura de meilleures chances de se souvenir de vous comme d'un être sympathique et honnête et vous pourrez sentir que vous l'êtes réellement.

Les rejets empreints de compassion doivent reposer sur l'honnêteté. Dans de tels moments, la malhonnêteté, les mensonges par omission et les demi-vérités sont très difficiles à cacher.

Les rejets empreints de compassion présentent les caractéristiques suivantes :
- Ils ne jettent pas le blâme sur l'autre ;
- Ils permettent à l'autre de conserver sa dignité ;
- Ils lui laissent de l'espoir concernant son avenir avec une autre personne ;
- Ils reconnaissent les expériences agréables qui ont été partagées ;

- Ils reconnaissent le caractère irrationnel et imprévisible des sentiments amoureux dans de nouvelles relations ;
- Ils reconnaissent la responsabilité de l'autre de faire des choix.

Les gens me disent souvent : « *Je ne sais pas quoi dire.* » Si votre partenaire vous demande pourquoi il ou elle ne vous plaît pas suffisamment, vous pouvez lui répondre : « *Je ne sais pas. L'amour est mystérieux.* » Dans des moments pareils, il vaut toujours mieux garder pour soi ses commentaires sur les marques d'acné ou le manque de goût vestimentaire de l'autre, ce qui est une marque de compassion.

Aux stades ultérieurs des fréquentations, les choses deviennent plus compliquées et les rejets prennent plus de temps, ce qui est normal. Comme les deux partenaires ont investi beaucoup de temps et d'énergie dans leur relation, ils sont plus prudents et font attention de ne pas gâcher ce qui pourrait être après tout un rapport heureux. Cependant, lorsqu'il devient clair qu'une relation n'a pas d'avenir, la compassion devrait nous dicter d'y mettre un terme.

Une personne vraiment soucieuse d'exprimer sa compassion pourrait dire quelque chose comme : « *Je t'ai dit que je t'aimais, mais je n'ai jamais promis de t'aimer et de te chérir jusqu'à ce que la mort nous sépare. Je ne me suis jamais senti prêt à t'épouser et je me rends compte que mes sentiments ont changé. Je ne t'ai pas menti et je n'ai failli à aucune promesse. Il n'y a pas un bon et un méchant. Ne blâmons personne.* »

Peut-être jugerez-vous utile de revoir de quelles façons vous avez rejeté des partenaires dans le passé. Dans certains cas, vous auriez sans doute pu le faire avec plus de compassion, ce qui aurait donné de meilleurs résultats. De même, vous jugerez probablement utile de voir la compassion dont vos partenaires ont fait preuve lorsqu'elles vous ont rejeté.

Voici un exercice à ce propos. Dans votre cahier, pour chacune de ces personnes, décrivez de quelle façon vous l'avez rejetée ou qu'elle vous a rejeté, puis écrivez un scénario plus empreint de compassion.

Tolérer le rejet

Bon nombre de gens sont convaincus qu'être rejeté par la personne qu'ils aiment est à peu près la pire chose qui puisse leur arriver. C'est là une malheureuse méprise. Les pêcheurs ont de bons et de mauvais jours. Ils savent que s'ils persistent à pêcher, ils finiront par attraper du poisson. Ils ne se sentent pas visés personnellement. Les vendeurs apprécient les rejets rapides. Cela leur fait gagner du temps, qu'ils peuvent consacrer à leur prochain client potentiel.

Je ne suis pas naïf. Je sais que certaines personnes prennent très mal les rejets. Quoi qu'il en soit, les principes de la compassion, de l'attention et de la gratitude peuvent les leur rendre moins pénibles.

Le principe de la compassion peut vous aider à reconnaître que l'autre n'est pas obligé de vous plaire. Si cette personne semble s'égarer complètement, vous pouvez vous quitter en bons termes et souhaiter que tout aille bien pour elle malgré son apparente trajectoire vers une vie malheureuse.

Le principe de l'attention peut vous aider à reconnaître que certaines choses se produisent inévitablement et qu'il est impossible de les expliquer complètement. On ne peut que les vivre. Vous sembliez faits l'un pour l'autre, mais elle ne le croyait pas ou elle l'a cru pendant un moment avant de cesser inexplicablement d'y croire.

En soi, le rejet n'est ni bon ni mauvais. C'est un phénomène de la nature comme un orage soudain par une journée ensoleillée. Si vous avez un préjugé contre le rejet, celui-ci vous rendra malheureux. Si vous n'y faites pas attention, vous vous sentirez peut-être mieux. Voyez le rejet comme « *une défaillance dans les rapports humains* ». De bons rapports requièrent que les deux partenaires s'investissent également.

Pour vous préparer aux cas d'urgence, utilisez la compassion, l'attention et la gratitude afin d'adopter de nouvelles habitudes de pensée à l'égard du rejet, que vous pensiez à une personne que vous aimez déjà ou à un partenaire potentiel. Dans votre cahier, travaillez ces habitudes de pensée en suivant l'exemple du tableau ci-dessous.

HABITUDES DE PENSÉE À L'ÉGARD DU REJET

Vieille habitude	Nouvelle habitude
Je dois manquer de charme, de magnétisme ou de quelque chose d'autre. Je ne plais jamais à personne.	J'ai eu ma part d'amour et de sexe, et peut-être même plus que ma part et j'en éprouve de la gratitude (gratitude).
Tout allait bien et il a fallu que j'aille tout gâcher. J'essayais tellement fort de lui plaire et ça ne marchait jamais.	Tout est question de style, de goût et de moment opportun. Il n'y a ni bien ni mal, ni bon ni mauvais. Je l'aimais plus qu'il ne m'aimait. Cela arrive à tout le monde (attention).
Elle est probablement égoïste. Elle veut sans doute épouser un homme riche ou quelque idiot bronzé avec de gros bras. Comment peut-elle me faire une chose pareille?	Je reconnais son droit de choisir un partenaire qui lui convient. Je lui souhaite tout ce qu'il y a de mieux (compassion).

Dans presque tous les cas de rejet, il y a lieu d'éprouver de la gratitude. En fait, il y a lieu d'en éprouver à l'endroit d'un grand nombre de nos ex-partenaires qui nous ont rejetés, car ils ne nous convenaient pas de toute façon. Poussez les choses plus loin et réfléchissez à vos échecs amoureux jusqu'ici. Peut-être vous ont-ils valu à certains moments :

- des sorties excitantes ;
- des rires ;
- des moments de joie ;
- une nouvelle compréhension de l'affection, de l'amour et des relations sexuelles ;
- des caresses et des baisers ;
- des relations sexuelles exceptionnelles ;

- de nouveaux amis et de nouvelles connaissances ;
- une nouvelle compréhension du sexe opposé ;
- de nouvelles connaissances et de nouvelles expériences sur le plan de l'amour, des relations amoureuses et du sexe.

Les gens pensent souvent que ces choses ne comptent plus si elles appartiennent au passé et que la relation a mal fini. C'est là un piège qu'il faut éviter pour deux raisons. Premièrement, ces expériences vous ont sans doute changé pour le mieux. Vous êtes devenu plus sage, vous avez acquis de la maturité, et vous avez approfondi votre compréhension de la vie. Même la douleur vous a préparé à des relations plus durables à l'avenir. Deuxièmement, ces expériences ne sont pas seulement des souvenirs ou des réminiscences, elles composent votre vie. Elles sont ce que vous êtes. Lorsque vous approcherez de la mort et que tous vos bons moments seront derrière vous, elles compteront tout autant sinon plus que jamais. Il en est ainsi pendant que vous êtes jeune et en santé, mais vous avez de la difficulté à le saisir vraiment parce que votre attention est plus souvent tournée vers l'avenir.

Ces choses sont assez faciles à comprendre. Cependant, comme toujours, les bienfaits ne viennent pas de la compréhension de la compassion, mais de sa pratique. Même les relations infructueuses les plus moches et les plus ennuyeuses nous apprennent des leçons utiles et nous laissent des souvenirs qui méritent notre gratitude. Prenez quelques instants pour pratiquer la gratitude : souvenez-vous des choses pour lesquelles vous pouvez être reconnaissant et notez-les dans votre cahier.

Savoir aller au bon rythme

Après ma première sortie avec ma femme, je lui ai dit en la ramenant chez elle : « *Nous ne semblons pas très à l'aise ensemble. Je ne crois pas que je vous rappellerai.* » Elle m'a répondu : « *Vous me plaisez beaucoup, mais je suis plutôt nerveuse. »* Plus tard, nous avons trouvé un rythme qui nous convenait.

Bon nombre de célibataires sophistiqués supposent que l'intérêt romantique se développe ou meurt dans l'œuf. On entend constamment parler de coup de foudre, de chimie et d'attirance physique. En général, les personnes pensent et se conduisent comme si l'attirance mutuelle était entièrement une question de hasard ou une simple réaction à l'attirance physique. Il est vrai qu'il y a une part de mystère dans l'amour, mais les habitudes de pensée peuvent faire une différence de diverses façons. Les premières impressions défavorables peuvent être invalidées plus tard. Les choses peuvent mal aller lors des première et deuxième sorties et se rétablir merveilleusement bien par la suite. Un intérêt à sens unique peut se transformer en intérêt mutuel. Cela ne se produit pas avec chaque nouveau partenaire qu'on rencontre, bien entendu, mais il est raisonnable de laisser le temps faire son œuvre. Si vous avez passé considérablement de temps à trouver une nouvelle partenaire, à l'aborder et à l'inviter à sortir, il est normal que vous vous raccrochiez à votre investissement jusqu'à ce qu'il devienne clair qu'il ne se développera pas d'amour et d'affection réciproques entre vous.

Composer avec le rejet grâce à la compassion

Si vous vivez une période d'incertitude, considérez les diverses façons dont les principes de la compassion, de l'attention et de la gratitude peuvent favoriser l'épanouissement d'un intérêt romantique malgré des débuts difficiles.

Comme vous l'avez vu au chapitre 5, le principe de la compassion repose sur le fait que tout le monde veut à peu près les mêmes choses pour à peu près les mêmes raisons. Plus particulièrement, nous désirons tous la richesse, le prestige et l'amour sous diverses formes. La compréhension mutuelle de ce principe ou même une compréhension à sens unique de celui-ci peut servir de base à des rapports. Vous pouvez utiliser cette compréhension à votre avantage. Par exemple, au lieu de sonder les goûts musicaux et les opinions sur l'actualité de votre nouvelle partenaire, essayez de répondre aux questions suivantes:

- Quel niveau de vie désire-t-elle?
- Comment ses désirs se comparent-ils aux miens?
- Comment espère-t-elle obtenir ce niveau de vie?
- À quelles formes d'amour accorde-t-elle le plus d'importance? (Il y a par exemple l'amitié, la passion amoureuse, le sexe, les liens familiaux étroits, le soutien émotif, le mariage conventionnel, etc.)
- Quels sont ses espoirs et ses projets sur les plans professionnel et financier? Dans quelle mesure coïncident-ils avec les miens?

Ces considérations peuvent vous mettre sur la voie d'une conversation honnête et personnelle, ce qui est souvent une excellente première étape vers l'épanouissement d'un intérêt romantique. Elles constituent aussi une bonne façon de repérer les partenaires qui ne vous conviennent absolument pas. Si votre amoureux potentiel espère trouver une jolie femme qui entretiendra sa dépendance à la drogue, vous saurez quoi faire.

L'exemple qui suit combine les expériences de plusieurs de mes clients qui ont fait l'essai des suggestions ci-dessus.

Les choses n'ont pas très bien été lors de notre première sortie. Elle danse très bien et je suis plutôt maladroit. J'aime raconter des blagues un peu grivoises, mais elle les trouve vulgaires. Elle aime les jeux de mots comme les mots croisés, que je n'aime pas. J'aime les échecs, mais elle n'a jamais joué à ce jeu. Nous avons convenu que ce n'était pas le grand amour, mais que nous ne nous détestions pas non plus. Nous avons décidé de nous donner une autre chance. Nous avons tous les deux admis que nous étions intéressés à sortir avec d'autres personnes. La deuxième fois que nous sommes sortis ensemble, nous sommes allés voir un film d'amour au cinéma. Après le film, nous nous sommes mis à parler de nos relations passées, en insistant sur les expériences qui nous avaient rendus heureux et celles qui ne nous avaient pas plu. Nous avons constaté que nous avions tous les deux besoin de beaucoup d'affection et que nous n'aimions pas les relations sexuelles sans amour. Nous avons aussi découvert que nous avions le même désir de travailler fort pour nous assurer la sécurité et le confort, et que nous cherchions tous les deux un partenaire qui partage ce point de vue. Nous avons convenu que nous ne voulions pas sentir de pressions de l'autre, qui nous voudrait plus drôle, plus sage ou plus sophistiqué. Il n'a pas fallu beaucoup de temps pour que nous nous tenions par la main. Je lui ai demandé si elle aimait me tenir la main. Elle m'a répondu par l'affirmative, ajoutant qu'elle ne voulait pas sentir de pression pour faire l'amour tout de suite. Puis elle s'est souvenue que nous avions déjà abordé ce sujet. Il n'a plus fallu beaucoup de temps pour que nous nous sentions à l'aise ensemble. J'avais envie de l'embrasser, mais j'ai décidé qu'il valait peut-être mieux ne pas l'embrasser tout de suite. Peut-être les choses marcheront-elles, cette fois-ci.

Composer avec le rejet grâce à l'attention

Bon nombre des expériences les plus agréables de la vie sont des goûts qui se développent. Peu de gens aiment les olives noires lorsqu'ils y goûtent pour la première fois. Les jugements de valeur trop hâtifs ont pour résultat une vie ennuyeuse et sans couleur. Il en est de même pour les fréquentations. De nombreux couples heureux semblent plutôt mal assortis. Elle est grande et il est petit; elle a un diplôme universitaire tandis qu'il a abandonné ses études au secondaire; elle est sportive et lui, artiste; et ainsi de suite. Le principe de l'attention nous rappelle de nous dispenser des jugements de valeur superflus.

Considérez les jugements de valeur superflus que vous seriez le plus enclin à porter si vous sortiez pour la première fois avec quelqu'un qui ne correspond pas exactement au genre de personne que vous recherchez généralement. Dans le tableau ci-après, j'ai résumé quelques-uns des jugements de valeur superflus d'Aline au sujet de ses nouveaux partenaires. Lisez-les, puis écrivez les vôtres dans votre cahier, de même que vos nouvelles habitudes de pensée potentielles.

Jugements de valeur habituels	Réflexion	Nouvelle habitude de pensée potentielle
Il n'est pas assez grand.	Je suis généralement attirée par les hommes grands. Il n'y a pas de raison particulière. Ce n'est qu'une habitude.	Tant qu'il n'est pas anormalement petit, je ne vois pas de problème.
Il ne travaille pas dans le domaine des banques, des finances, de l'immobilier ou de la comptabilité.	C'est généralement le genre d'hommes avec qui je sors, mais j'aurais peut-être plus de chance si j'essayais quelqu'un d'un autre genre.	Très bien. N'importe qui sauf des vendeurs de drogue et des mendiants. Après tout, mon père était entrepreneur de pompes funèbres et mes parents étaient très heureux.
Il manque de fini. Il ne sait pas quoi dire à la personne qui sert le vin.	J'imagine que c'est le genre d'hommes auquel je suis habituée. En y repensant, je préfère la bière de toute façon.	Charmant et superficiel. J'ai connu cela. Je suis prête pour autre chose !

Composer avec le rejet grâce à la gratitude

S'il y a un secret pour nous faire des amis et influencer les autres, il consiste probablement à traiter les gens de manière à les aimer sans beaucoup nous inquiéter qu'ils nous aiment nous. Ce vieil aphorisme suggère que la gratitude pour les plaisirs subtils que vous procurent de nouveaux partenaires peut vous apporter des bienfaits additionnels inattendus.

Supposez que votre rendez-vous surprise avec Thalie ne semble pas vous procurer beaucoup d'occasions d'éprouver de la gratitude. Franchement, elle vous semble moche et ennuyeuse. Au lieu de réagir d'une manière prévisible et stéréotypée, vous prenez quelques minutes pour méditer sur les possibilités d'éprouver de la gratitude qui auraient pu vous échapper. Après une méditation prolongée, vous vous apercevez que vous aimez son odeur. Bien sûr, ce n'est pas grand-chose, mais c'est un début et vous allez passer la soirée ensemble de toute façon. Vous méditez donc sur le fait que son odeur vous plaît. Si tout le reste échoue, vous pourrez toujours vous souvenir de Thalie comme de la fille qui sentait bon. Ne trouvant pas d'autres sujets de conversation sur le moment, vous dites : « *Comme tu sens bon !* » Aussi boiteuses que vos paroles puissent paraître, comme elles viennent du cœur, Thalie ne peut y réagir que chaleureusement. Son enthousiasme est contagieux et vous vous sentez plus chaleureux à son égard. Elle vous semble soudainement moins terne. Un éminent historien m'a raconté que c'est ainsi que tout a commencé entre Antoine et Cléopâtre.

La gratitude procure des plaisirs subtils et imprévus. Par conséquent, ces plaisirs sont difficiles à planifier. Essayez plutôt ceci : chaque fois que vous sortez avec une nouvelle personne, notez mentalement ses qualités subtiles pour lesquelles vous pouvez réellement éprouver de la gratitude, que vous ayez ou non l'impression que vous trouverez le bonheur conjugal ensemble. Écrivez ces qualités dans votre cahier.

Ici encore, Aline propose quelques suggestions (en réaction à divers hommes avec qui elle est sortie) pour vous mettre sur la bonne voie. Elle a écrit ce qui suit :

Objets de gratitude

Voix agréable, douce et mélodieuse. Je n'avais jamais remarqué à quel point une voix peut être charmante.

---

*J'ai aimé la façon dont il m'a embrassée avant de me
quitter. Il n'est ni envahissant ni nerveux. Il ne me traite pas
comme si je lui appartenais, mais plutôt comme une sœur préférée qu'il embrasserait le plus naturellement du monde. Il m'a
donné envie de l'embrasser.*

*J'ai suggéré le restaurant. C'était peut-être le pire restau-
rant du monde. Sans doute une nouvelle administration. Il a
remarqué que la cuisine était infecte et le service, très mauvais,
mais il a dit que ça n'avait pas d'importance et il était sincère.
Il a dit que ce qui était bien, c'était qu'il avait eu la chance de
pouvoir mieux me connaître sans constamment être inter-
rompu. J'en ai été très flattée.*

Si vous aimez une personne, ses traits ordinaires vous sem-
bleront très beaux, tandis que ses manières ordinaires vous paraî-
tront amusantes et intelligentes. Je connais de nombreux
célibataires très seuls qui sont agréables et qui feraient d'excellents partenaires à des personnes également seules. Ils n'ont pas
l'air de sortir d'une couverture de magazine et peu d'entre eux
sont riches, mais ils seront séduisants aux yeux des personnes qui
tomberont amoureuses d'eux tout en paraissant assez ordinaires
au reste du monde. Si vous apprenez à ne pas brusquer les choses,
vous pourriez avoir des sentiments très spéciaux pour une personne qui serait pour vous la personne idéale.

Savoir mettre les freins

La plupart des gens reconnaissent que les fréquentations doivent
s'étaler sur une certaine période et s'entendent généralement sur
ce qu'est la période idéale. Premièrement, les deux personnes doivent se rencontrer, échanger leur numéro de téléphone, prendre
rendez-vous, sortir ensemble quelques fois et, si tout va bien, continuer à se fréquenter pendant un mois ou deux. Si tout se passe
bien, elles peuvent essayer de mieux se connaître en se racontant

leur vie, en se présentant leurs amis respectifs et leur famille, et en passant beaucoup de temps ensemble. Au bout de cette période, elles peuvent devenir plus intimes et se rendre visite, s'embrasser et peut-être commencer à avoir des relations sexuelles. (Se retrouver au lit trop tôt peut gâcher une relation, plus particulièrement si un des partenaires n'est pas sûr de ses sentiments pour l'autre ; d'autre part, sortir avec quelqu'un pendant des mois sans jamais développer de relations intimes peut aussi poser un problème.) Si les partenaires se sentent bien ensemble, ils peuvent envisager une relation plus engagée. Au bout de quelques mois ou plus, ils peuvent vouloir faire part de leur bonheur à leurs amis et à leur famille. S'ils ont déjà des relations sexuelles, ils peuvent convenir d'être monogames et même d'avoir une relation amoureuse sérieuse.

La plupart des couples heureux en mariage ont eu une période de fréquentations de ce genre. Cependant, il y a aussi de nombreux couples qui sautent des étapes ou qui raccourcissent radicalement leur période de fréquentations. Agir ainsi ne condamne pas nécessairement une relation à l'échec, mais le désastre demeure quand même le résultat le plus répandu.

Je connais un couple qui s'est rencontré dans le bar d'un hôtel pour un rendez-vous surprise. Ils ont bu ensemble pendant quelques heures, puis ils ont mangé au bar. Ils ont ensuite pris une chambre et ont passé le week-end au lit. Le lundi matin suivant, avant de se rendre au travail, la femme a emménagé chez son nouvel amoureux. Ils se sont mariés peu après et ont tout de suite commencé à avoir des enfants. Je doute qu'ils aient été bien assortis au départ. Maintenant, tout va mal entre eux. Ne vous réservez pas le même sort.

Cela est triste à dire, mais les gens qui sautent la période de fréquentations habituelle avant de s'engager dans une relation savent qu'ils manquent de sagesse en agissant de la sorte. Ce n'est pas de la stupidité ou de l'autodestruction. Ils ont l'impression de tomber amoureux trop vite et ils ne savent pas quoi faire. Il arrive souvent que l'un des deux se dise : *« Oh mon Dieu, tout va trop vite, encore une fois ! Je vais sans doute le regretter, mais je ne peux pas m'en empêcher !* » Ces personnes voudraient pouvoir mettre les freins, mais elles ne savent pas comment.

Tomber amoureux trop rapidement d'un partenaire qui ne vous convient pas est un problème grave et complexe qui entraîne souvent des conséquences douloureuses et prolongées. Aucune solution ne sera jamais pleinement satisfaisante. Malgré cela, il est toujours utile d'envisager le problème du point de vue de vos croyances habituelles. Dans le tableau ci-dessous, la colonne de gauche contient certaines croyances habituelles courantes que nous associons à ce problème. La deuxième colonne vous indique le principe correcteur à utiliser, soit la compassion, l'attention ou la gratitude, tandis que la troisième vous suggère ce que vous pouvez faire pour réduire le tort que vous causent ces habitudes de pensée et les sentiments douloureux qui les accompagnent.

Mauvaise habitude de pensée	Principe correcteur	Nouvelle habitude de pensée
Je ne suis désirable aux yeux d'aucun autre partenaire. Celui-ci pourrait être ma dernière chance.	La gratitude	Bien que je ne sois pas parfaite, j'ai de nombreuses belles qualités que les gens reconnaissent de temps en temps et pour lesquelles j'éprouve de la gratitude.
Sans amour romantique, ma vie ne vaut pas vraiment la peine d'être vécue.	L'attention	Ma vie n'est pas un problème à résoudre. Elle n'est pas un cauchemar duquel seuls l'amour et le sexe peuvent me tirer. Ma vie est une expérience à savourer.
Je dois passer tout mon temps avec ma nouvelle partenaire pour qu'elle n'ait pas l'occasion de se mettre à sortir avec quelqu'un d'autre.	La compassion	Je ne suis pas la seule personne qui a besoin d'amour et de compagnie. Elle en a besoin elle aussi, tout comme bien d'autres gens. Si je sais me détendre et faire confiance à ma partenaire et aux autres, j'aurai probablement ma juste part d'amour au bout du compte.

Mauvaise habitude de pensée	Principe correcteur	Nouvelle habitude de pensée
Le temps que je passe loin de la femme que j'aime me semble du temps gâché.	La gratitude	Où que j'aille et quoi que je fasse, que je sois avec ma partenaire ou non, il y a de nombreuses bonnes choses dans ma vie qui peuvent me rendre heureux.
Dès que je suis séparé de l'homme que j'aime, je me sens tellement nerveuse que c'en est insupportable.	L'attention	Si je fais face à mes peurs avec calme et patience, sans éprouver de regrets ou chercher des excuses, elles disparaîtront progressivement.
Les sentiments amoureux et sexuels passionnés sont les seuls bons sentiments que je semble être capable d'éprouver.	La compassion	Il y a de nombreuses façons d'être bien en compagnie des autres et il y a de nombreuses personnes dont j'apprécie la compagnie. L'amour et le sexe sont des formes de plaisir importantes, mais ce ne sont pas les seules formes de plaisir. Il y a beaucoup de gens dans le monde que je peux apprécier et admirer.

Écrivez maintenant vos propres habitudes de pensée qui vous font vous engager trop rapidement dans une relation. Notez comment vous pourriez utiliser les principes de la compassion, de l'attention ou de la gratitude pour formuler des habitudes de pensée plus agréables et plus constructives lorsque vous faites face à ce genre de problème.

La compassion, l'attention et la gratitude nous rappellent que le sexe et l'amour romantique ne sont pas nécessaires au bonheur et qu'ils ne le garantissent pas non plus. En fait, les désirs obsessionnels de sexe et d'amour romantique peuvent nuire à notre plaisir de vivre. Malgré cela, la plupart des gens apprécient le sexe et l'amour romantique et préfèrent ne pas s'en passer. Si vous n'êtes pas satisfait de votre vie amoureuse, n'hésitez pas à rompre et à avoir d'autres fréquentations. Pour vous aider à vous détendre, dites-vous que le sexe et l'amour romantique ne sont pas nécessaires au bonheur. Mais n'oubliez surtout pas que vos fréquentations doivent être agréables. Si elles ne le sont pas, prenez du recul et réfléchissez. Les principes de la compassion, de l'attention et de la gratitude vous aideront à apprécier tant les fréquentations que l'amour et le sexe qu'elles vous apportent.

Chapitre 17

Voici la partie agréable : quelques outils supplémentaires

Bien que certaines personnes soient d'un tempérament plus sérieux et plus ambitieux que d'autres, nous souhaitons tous avoir une vie agréable. Nous nous sentons tous déçus et découragés lorsque la vie ne nous apporte pas grand-chose de bon ; nous nous sentons plutôt déprimés si nous croyons que l'avenir ne nous réserve pas grand plaisir. Je ne parle pas uniquement de plaisirs frivoles ou amusants. Je parle du genre de plaisir que Woody Allen avait à l'esprit lorsque son propre personnage dans *Annie Hall* dit, après avoir longuement fait l'amour avec une femme qu'il adore : *« Je n'ai jamais eu autant de plaisir sans rire. »* Comment peut-on caractériser ce genre de plaisir plus précisément ? Je ne sais pas. La langue ne semble pas à la hauteur de cette tâche.

À mon avis, une journée passée à la maison à faire la vaisselle et à écouter la radio avec compassion, attention et gratitude procure plus de plaisir qu'une journée passée à Disneyland à éprouver du ressentiment, à émettre des jugements de valeur superflus et à se sentir déçu et envieux.

Nous ressentons une forme de plaisir très satisfaisant lorsque nous découvrons par hasard de petits mystères et de petites joies dans le monde qui nous entoure, chez les humains et les autres êtres vivants, dans les événements, la musique, la poésie, les arts et toute la beauté qu'ils contiennent. La pratique assidue de la compassion, de l'attention et de la gratitude multiplie ce genre de plaisir indéfiniment.

Dans les chapitres précédents, vous avez découvert la compassion, l'attention et la gratitude à la fois par l'enseignement théorique, par l'exemple et par la pratique de ces principes dans des situations qui posaient des défis. Mais les choses ne s'arrêtent pas là ; elles ne font que commencer. Si vous les pratiquez de manière sage et assidue, l'attention, la compassion et la gratitude rehausseront votre qualité de vie dans d'innombrables circonstances, bonnes et mauvaises. Ces principes peuvent atténuer la douleur causée par les revers de fortune. En outre, ils peuvent approfondir et enrichir la vie quotidienne de presque tout le monde. Peut-être l'avez-vous déjà découvert vous-même ?

Bien entendu, il m'est impossible de décrire comment mettre en pratique ces trois principes dans toutes les situations imaginables. À compter de maintenant, c'est à vous qu'il incombe de découvrir comment les appliquer pour réagir à différentes formes de stress dans votre vie. Cela fera aussi partie du plaisir. Il y a de bonnes chances que vous les compreniez déjà assez bien pour pouvoir le faire. Comme vous n'avez pas besoin de vous presser, vous pouvez passer le reste de votre vie à mieux les appliquer en progressant au rythme qui vous convient le mieux.

Naturellement, il vous arrivera de les oublier et de devoir les réapprendre. Peut-être serez-vous désillusionné par ces principes pendant des semaines, des mois ou des années, et peut-être n'en redécouvrirez-vous la valeur que plus tard. Si cela vous arrive, ce genre de redécouverte approfondira la compréhension que vous en avez.

La vie semble souvent d'un sérieux mortel, littéralement. D'une certaine façon, la sinistre et perpétuelle bataille pour conquérir la richesse, la reconnaissance et l'amour est une tentative symbolique de nier notre mortalité. Mais c'est la mort qui l'emporte et lorsqu'elle arrive, la richesse et la reconnaissance que nous avons acquises sont complètement balayées, même si les biens matériels passent à la génération suivante. Pour ce qui est de l'amour, cela dépend surtout de celui que nous avons créé et répandu autour de nous et en partie de nos croyances religieuses. La plupart des gens sentent instinctivement que l'amour empreint de compassion qu'ils ont partagé possède une espèce de qualité transcendante qui persiste après la mort. En revanche, l'amour qui privilégie principalement les faveurs mutuelles, l'admiration mutuelle et des buts complaisants semble moins éternel.

Dans *Le bouddhisme libéré des croyances*, l'auteur Stephen Batchelor encourage ses lecteurs à réfléchir profondément à la question suivante : «*Puisque la mort est inévitable et que le moment de la mort est incertain, comment dois-je vivre ?*» Je réponds à la question de Batchelor de la façon suivante :

- Je vivrai chaque rencontre, chaque tâche et chaque expérience comme si elle comptait vraiment. De cette façon, dans mon expérience subjective, toutes les rencontres, toutes les tâches et toutes les expériences se mettront à compter réellement. Qu'elles comptent sur le plan scientifique ou pratique n'a aucune importance. Qu'elles comptent réellement pour les autres n'a aucune importance. Tout ce que je demande, c'est qu'elles prennent une signification durable pour moi, une signification qui me soutiendra pendant les moments difficiles ; qu'elles me nourrissent lorsque je dois travailler fort ; et qu'elles me réjouissent à tout moment.

- Je vivrai chaque rencontre, chaque tâche et chaque expérience comme si le temps n'existait pas. Je vivrai comme si chaque moment vécu avec compassion, attention et gratitude n'avait ni commencement ni fin. Évidemment, il est absurde de se demander si tout cela est objectivement vrai. Tout ce que je demande, c'est d'en sentir la vérité fréquemment, d'une façon qui me réjouit et me soutient.

Passez quelques minutes à réfléchir, à prier ou à méditer en pensant à la même question : «*Puisque la mort est inévitable et que le moment de la mort est incertain, comment dois-je vivre ?*» Écrivez votre réponse dans votre cahier.

Dans le reste de ce chapitre, je vous suggérerai des outils et des trucs que vous pourrez utiliser pour rafraîchir votre compréhension de la compassion, de l'attention et de la gratitude. Avec un peu de chance, certains d'entre eux vous aideront à vous souvenir des pensées et des techniques que vous oublieriez autrement ou pour lesquelles vous pourriez éprouver de la complaisance. Certains stimuleront même votre ingéniosité lorsque vous devrez pratiquer ces principes dans de nouvelles situations.

Exercices

Les expériences de la vie touchant la compassion

Certaines expériences personnelles ont augmenté la compassion que vous éprouvez. Par exemple, quelqu'un que vous aimez et admirez peut vous avoir donné une leçon de compassion. Peut-être avez-vous découvert par vous-même le principe de la compassion ou peut-être l'avez-vous profondément ressenti. Peut-être vous souvenez-vous de moments où le principe de la compassion vous aurait été particulièrement utile si seulement vous l'aviez mieux compris. Ces incidents peuvent s'être produits récemment, pendant votre tendre enfance ou n'importe quand entre temps. Vous rappeler ces expériences et y réfléchir peut vous aider à pratiquer la compassion plus efficacement. Dans votre cahier, notez ces événements en utilisant un tableau comme celui ci-dessous. Ce modèle de tableau vous servira également pour noter vos expériences touchant l'attention et la gratitude.

Date	Personne en cause	Situation	Réflexions

Les expériences de la vie touchant l'attention

Comme dans le cas de la compassion, certaines expériences personnelles peuvent avoir augmenté votre capacité d'attention. Vous rappeler ces expériences et y réfléchir peut vous aider à pratiquer l'attention plus efficacement. Écrivez-les dans votre cahier.

Les expériences de la vie touchant la gratitude

Comme dans le cas de la compassion et de l'attention, certaines expériences personnelles peuvent vous avoir rendu capable d'une plus grande gratitude. Vous rappeler ces expériences et y réfléchir peut vous aider à pratiquer l'attention plus efficacement à l'avenir. Faites-le à l'aide d'un tableau.

Les héros de la compassion, de l'attention et de la gratitude

Personne ne pratique jamais la compassion, l'attention et la gratitude parfaitement et en tout temps. Cependant, certaines personnes manifestent avec constance un ou plusieurs de ces principes d'une façon qui peut nous inspirer et nous instruire. Il peut s'agir d'une personne vivante ou d'un personnage historique ou fictif. Lorsque vous rencontrez de telles personnes dans la vie ou dans des livres, notez-le afin d'approfondir ce qu'ils vous enseignent et vous inspirent.

Courir pour l'amour de la course

Courir pour l'amour de la course n'est pas la même chose qu'en vouloir toujours plus. Il peut s'agir d'une activité orientée vers un but, mais cette activité se situe dans les limites de la compassion, de l'attention et de la gratitude. Par conséquent, elle est susceptible d'améliorer votre qualité de vie et la qualité de vie des gens qui vous entourent. Il est bon de remarquer les moments où l'on court pour l'amour de la course et de réfléchir à ces moments.

Vous pouvez utiliser un tableau comme celui ci-dessous pour noter dans votre cahier les moments passés et présents où vous l'avez fait. Soyez précis. Prenez des événements particuliers. Écrivez le moment et l'endroit où cela est arrivé et ce que vous faisiez. Notez ensuite vos réflexions.

Date	Ce que je faisais	Réflexions

Jeu sur la compassion

Vous pouvez essayer de faire l'exercice stimulant qui suit seul ou avec un ou une partenaire. Choisissez une personne que vous connaissez personnellement ou de réputation et pour laquelle vous n'éprouvez aucune compassion. Il peut s'agir d'une personne réelle ou d'un personnage historique ou fictif. Demandez-vous : *« Comment puis-je penser à cette personne d'une manière empreinte de compassion ? »* Suivez les étapes habituelles pour la compassion. Commencez par vous demander : *« Est-il vrai qu'elle veut à peu près les mêmes choses que moi pour à peu près les mêmes raisons ? Est-il vrai qu'elle éprouve à peu près les mêmes sentiments de contentement que moi lorsque ses désirs se réalisent et qu'elle éprouve à peu près les mêmes sentiments de déception que moi lorsque ses désirs restent inassouvis ? Est-il vrai que les principales différences entre nous sont nos situations et les méthodes que nous utilisons pour obtenir ce que nous voulons ? »* Essayez de penser que toutes ces choses sont vraies et pour quelles raisons. Voyez si vous développez de réels sentiments de gratitude envers la personne en cause en écrivant sur des feuilles séparées vos réponses aux questions suivantes :

- Où et quand ?
- Qui est la personne en cause ?

- De quelles façons est-il vrai qu'il ou elle désire à peu près les mêmes choses que moi?
- De quelles façons est-il vrai qu'elle éprouve à peu près les mêmes sentiments de contentement ou de déception que moi?
- Quels nouveaux sentiments de gratitude ai-je développés grâce à cet exercice?

Journal sur la compassion, l'attention et la gratitude

Lorsque vous pratiquerez la compassion sciemment, il vous arrivera de vivre des expériences importantes dont vous voudrez vous souvenir afin de pouvoir y réfléchir. Notez ces expériences dans un journal personnel prévu à cet effet, en utilisant le modèle de tableau qui suit. Faites la même chose pour les expériences importantes que vous voudrez noter au sujet de l'attention et de la gratitude.

Date	Incident	Réflexions

Journal sur mon manque de compassion, d'attention et de gratitude

Naturellement, il y aura des moments où vous aurez des pensées, des gestes ou des paroles totalement dénués de compassion. Plus tard, peut-être vous en rendrez-vous compte. Sachez qu'il vaut la peine de réfléchir à ces incidents. Pour vous y aider, notez-les dans un journal personnel prévu à cet effet en utilisant un tableau comme celui ci-dessous. Faites la même chose pour noter vos manques d'attention et de gratitude.

Date	Personne	Ce qui est arrivé ; ce qui a été dit	Réflexions

Les révélations

Les révélations sont des moments où le voile des illusions se soulève soudainement. À ces moments-là, on peut percevoir avec une clarté particulière la beauté et la perfection du monde. Pour chaque moment de ce genre, notez, dans un tableau comme celui qui suit, où et quand il s'est produit, ce que vous faisiez qui a pu le provoquer et tout élément qui peut vous aider à vous en souvenir ou à le comprendre plus profondément.

Où et quand	Ce que je faisais	Description

Les bonnes choses dont je peux me passer avec plaisir

Henri David Thoreau a dit : « *L'homme le plus riche est celui dont les plaisirs sont les moins coûteux.* » Dans votre cahier, dressez la liste des articles qui vous tentent ainsi que vos réflexions à leur sujet en utilisant comme modèle le tableau suivant.

L'article tentant	Les rêves éveillés concernant l'article tentant	Comment la vie peut être agréable sans cet article tentant

Journal de mes rêves

Pour ce qui concerne la compassion, l'attention et la gratitude, certains de vos rêves peuvent vous instruire, vous mettre en garde ou vous inspirer. Notez ces rêves, la date ainsi que vos réflexions à leur sujet.

La gratitude et la tache d'encre

Lorsque vous avez de la difficulté à éprouver de la gratitude, rappelez-vous l'analogie de la tache d'encre. En regardant la même tache d'encre, certaines personnes y voient des choses laides, tandis que d'autres y voient des choses belles ou intéressantes. Toutes ces choses sont là et elles sont toutes réelles. Pensez aux situations difficiles comme s'il s'agissait de taches d'encre et cherchez de nouvelles façons de les percevoir. Ne vous forcez pas. Donnez libre cours à votre imagination. Vous pourriez découvrir des occasions d'éprouver de la gratitude. Écrivez vos réflexions dans votre cahier.

Gestes de gentillesse gratuits de votre part : présents et passés

Les gestes de gentillesse gratuits sont une espèce de sacrement s'ajoutant aux principes de la compassion, de l'attention et de la gratitude. Rappelez-vous que vous faites ces gestes dans votre propre intérêt et pour personne d'autre. S'il vous arrive d'avoir de tels gestes, notez-les dans votre cahier en précisant le moment, l'endroit et ce qui s'est passé. En vous les rappelant plus tard et en y réfléchissant, vous pourrez insister sur les bienfaits qu'ils vous auront apportés.

De même, les gestes de gentillesse gratuits que vous avez faits dans le passé peuvent être parmi les gestes les plus importants de votre vie jusqu'à maintenant. Faites de votre mieux pour vous en souvenir et décrivez-les brièvement. Notez ensuite vos réflexions.

Gestes de gentillesse gratuits de vos héros

Vous pouvez entendre parler de gestes de gentillesse gratuits faits par d'autres personnes. Ces gestes peuvent vous inspirer ou vous instruire. Notez-les dans votre cahier ainsi que vos réflexions les concernant.

Travail sur l'attention

Ce travail vous aidera à organiser vos pensées lorsque vous essayerez de pratiquer l'attention dans une situation qui pose un défi.

- Où et quand cette situation survient-elle ?
- Décrivez la situation.
- Notez vos pensées dépourvues d'attention (jugements de valeur superflus).
- Décrivez vos gestes dénués d'attention.
- Que craignez-vous qu'il puisse arriver si vous vous montrez plus attentif à cette situation ?
- Écrivez vos nouvelles pensées à l'égard de cette situation qui sont conformes au principe de l'attention.
- Parmi les pensées ci-dessus, quelles sont celles avec lesquelles vous vous sentez à l'aise ?
- Comment vos sentiments changent-ils lorsque vous remplacez vos anciennes pensées dénuées d'attention par des pensées plus empreintes d'attention ?
- Vous est-il possible de vous conduire de manière plus attentive dans cette situation ?

Travail sur la gratitude

Ce travail vous aidera à organiser vos pensées lorsque vous essayerez de pratiquer la gratitude dans une situation qui pose un défi.

- Où et quand cette situation survient-elle ?
- Décrivez la situation.
- Notez vos pensées dépourvues de gratitude.

- Écrivez des pensées empreintes de gratitude qui pourraient remplacer vos pensées dénuées de gratitude (séance de remue-méninges).
- Lesquelles de ces pensées empreintes de gratitude pouvez-vous accepter tout en vous sentant à l'aise?
- Comment vos sentiments changent-ils lorsque vous remplacez vos anciennes pensées dépourvues de gratitude par des pensées plus empreintes de gratitude?
- Est-ce que sourire renforce vos sentiments de gratitude?
- Y a t il quelque chose que vous puissiez dire ou faire pour stimuler ou accepter les sentiments de gratitude qui surgissent en vous? Que se passe-t-il lorsque vous le faites?

Ne cherchez plus la partie agréable. Vous êtes en plein dedans!

Épilogue

Vivre conformément aux principes de la compassion, de l'attention et de la gratitude n'exige pas l'adhésion à une opinion particulière sur les affaires publiques, la protection de
l'environnement ou un dogme religieux. Ma méthode n'exige pas
que vous vous étendiez devant chaque bulldozer pour protéger
toutes les espèces de couleuvre en voie d'extinction. Elle ne
demande pas que vous boycottiez tous les produits fabriqués par
des ouvriers opprimés. En fait, vivre conformément aux principes
de la compassion, de l'attention et de la gratitude n'exige rien de
vous. Il s'agit d'un choix que vous devez faire librement et pour
la seule raison que vous appréciez votre qualité de vie. Mais vous
découvrirez peut-être en fin de compte qu'il y a des avantages
pratiques à rester honnête, à travailler pour la paix et la justice,
et à se préoccuper de gens que l'on ne connaît pas et d'autres
formes de vie qui ne sont pas « mignonnes » ou qui ne servent pas
directement les intérêts de l'humanité.

La compassion, l'attention et la gratitude sont des choix personnels que les individus s'engagent à faire parce qu'ils ont le
sentiment qu'il est bien de le faire. Si certains problèmes sociaux
ou environnementaux vous tiennent à cœur (ou si vous ne vous
êtes pas encore fait une opinion), je vous recommande de réfléchir à ce que les trois principes signifient pour vous et d'utiliser
le fruit de vos réflexions pour élaborer vos propres règles morales.
C'est ce que j'ai fait dans mon premier ouvrage, dans lequel je
fais 10 suggestions morales que j'ai élaborées à partir des trois
principes. En opposant « suggestion » à « commandement », je

voulais me moquer un peu de moi-même. Je ne suis pas une figure comme Moïse et, bien entendu, je ne converse pas avec l'Être suprême. Les 10 suggestions morales que je m'efforce de respecter au quotidien découlent logiquement des principes de la compassion, de l'attention et de la gratitude, et ils m'ont souvent été utiles dans mes rapports avec le monde. J'espère que vos principes moraux vous seront aussi utiles.

Arrêtez-vous un instant et réfléchissez à tous les points qui vous ont paru sensés dans le présent ouvrage. Réfléchissez aux choses que vous avez apprises sur vous-même en faisant les exercices et tenez compte de tout ce que vous savez sur la compassion, l'attention et la gratitude. Puis, dans votre cahier, dressez votre propre liste de règles. Évidemment, vous n'êtes pas obligé d'en formuler 10. En outre, vos règles peuvent être aussi vagues que, par exemple, « manifester plus de compassion envers les animaux ».

En quoi ces règles vous aideront-elles à vivre différemment ? Examinez de nouveau tous les points de votre liste et demandez-vous si votre façon de vivre passée et actuelle est en harmonie avec ces points. Il vous sera peut-être utile de revenir à cette liste au bout de quelques mois (ou années) pour voir si vos comportements et vos opinions ont changé. Espérons que vous serez déjà bien engagé sur la voie qui vous permettra de savoir apprécier ce que vous avez !

Table des matières

Suivez les Éditions de l'Homme sur le Web

Consultez notre site Internet et inscrivez-vous à l'infolettre pour rester informé en tout temps de nos publications et de nos concours en ligne. Et croisez aussi vos auteurs préférés et l'équipe des Éditions de l'Homme sur nos blogues !

www.editions-homme.com

MARQUIS

Marquis imprimeur inc.

Québec, Canada
2011

Achevé d'imprimer au Canada
sur papier Enviro 100 % recyclé